Naviguer sur le WEB

Rechercher un site Internet

Communiquer sur la planète

La collection pédagogique

D1065595

Naviguer sur le WEB

Rechercher un site Internet

Communiquer sur la planète

La collection pédagogique

Bonne lecture !
Mireille Viau

MIREILLE VIAU & PHILIPPE PELLETIER

Les Éditions
de la Francophonie

Couverture : **René Roy**, reneroydecor@hotmail.com,
514-998-3988, faux bois, murale & création de décor

Graphique
de la page 5 : **Nathalie Tanguay**, nathalie_tanguay@videotron.ca
Artiste peintre

Mise en page : **www.editart.org**
en collaboration avec **info1000@sympatico.ca**

Production : **Les Éditions de la Francophonie**   **Correspondance**
720, rue Main, 3ᵉ étage   55, rue des Cascades
Moncton (N.-B.) E1C 1E4   Lévis (Qc) G6V 6T9
Tél. : 1-866-230-9840   1-418-833-9840
Courriel : ediphonie@bellnet.ca
www.editionsfrancophonie.com

Distribution : **Distribution UNIVERS**
845, rue Marie-Victorin
Saint-Nicolas (Québec) G7A 3S8
Tél. : 1-418-831-7474 • 1-800-859-7474
Téléc.: 1-418-831-4021
univers@distribution-univers.qc.ca

ISBN 2-89627-062-0

Dépôt légal – 1ᵉʳ trimestre 2007
Bibliothèque nationale du Canada
Bibliothèque nationale du Québec
Imprimé au Canada

Internet

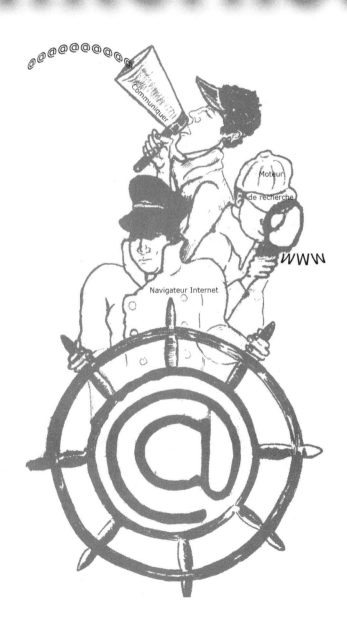

Les chapitres

Chapitre 1

Avant de commencer...

Avant de commencer... l'introduction

Vous avez sûrement déjà entendu l'expression *surfer* ou *naviguer* dans Internet. Nous allons tenter de vous donner une idée globale mais juste des possibilités d'Internet. La représentation conceptuelle d'Internet vous permettra de mieux exploiter ce médium de communication qui se développe à un rythme effarant depuis plus d'une décennie. Vous apprécierez Internet pour vos besoins professionnels et personnels en toute connaissance de ses forces et de ses faiblesses.

Internet est le nom donné à l'ensemble des réseaux informatiques reliés entre eux par un protocole commun de communication TCP/IP (Transmission Control Protocol/Internet Protocol). Il associe des ressources de télécommunication et des ordinateurs serveurs et clients, destinés à l'échange de messages électroniques (première activité d'Internet), d'informations multimédias et de fichiers. Internet est un terme provenant de l'anglais (on s'en doutait) (**Inter**connected - **Net**work).

Son explosion récente (1995) provient du développement de logiciels faciles. Le réseau Internet est le résultat de la création de l'ensemble de petits réseaux situés partout dans le monde, de manière à constituer un gigantesque réseau mondial. En 2006, la population des utilisateurs dans le monde (appelés **internautes**) est évaluée à plus de 1 milliard.

Afrique	23 649 000
Asie	380 400 713
Europe	294 101 844
Moyen-Orient	18 203 500
Amérique du Nord	227 470 713
Amérique du Sud / Caraïbes	79 962 809
Australie / Océanie	17 872 707
Total	**1 043 104 886**

L'historique d'Internet

On peut remonter à la fin des années 1960 pour retracer l'origine d'Internet. On tentait à l'époque de relier des ordinateurs à d'autres grâce à un réseau dédié. C'est un département militaire américain (DARPA-Defense Advanced Research Projects Agency) qui géra ces recherches. Ce réseau fut nommé **ARPANET** en 1969. En effet, à cette époque les réseaux informatiques étaient tous centralisés. À cette période, en pleine guerre froide, si un missile atteignait le poste central, tout le réseau se trouvait alors anéanti. Il fallut donc opter pour un autre modèle de réseau.

Le modèle **ARPANET** était sensiblement différent. Au lieu de baser toutes les informations sur un ordinateur unique, on les distribuait sur divers pôles géographiques. Chaque pôle était autonome. Si une partie de l'information se trouvait détruite, le reste pouvait toujours être exploité.

Les universitaires, dans les années 1970, disposent de l'infrastructure d'**ARPANET**. Ainsi le nombre d'utilisateurs augmente petit à petit. Le réseau se détache alors de sa vocation initiale. Le protocole de transport TCP/IP (Transmission Control Protocol/Internet Protocol) s'impose comme le protocole standard sur Internet.

Au début des années 1980, **ARPANET** explose en deux réseaux distincts : **NFSN** (National Science Foundation Network) et **MILNET** (le réseau militaire). Des centaines de serveurs délivrant de l'information sont interconnectés. En 1986, ils sont plus de 2 000.

Le nombre d'usagers ne cesse d'augmenter. Des réseaux de nature équivalente émergent. Depuis 1990, le Canada y accède en se connectant aux autres réseaux mondiaux. À cette époque, tout augmente de 10 pour cent par mois: le nombre d'usagers, d'ordinateurs, de réseaux. C'est l'explosion.

En 1992, le **CERN** (Centre Européen de Recherche Nucléaire) propose le projet **World Wide Web** (www), fournissant l'aspect convivial que tout le monde connaît par l'utilisation d'un navigateur Internet. Il n'est plus nécessaire d'être un expert de l'informatique. Les internautes réclament le droit de s'y connecter, de proposer des informations et d'échanger des messages.

Encore aujourd'hui, nous croyons qu'Internet est à ses débuts. Demain, tout le monde fera du commerce électronique sur Internet. Tout le monde fera de la vidéoconférence sur Internet. Et quoi encore... juste à y penser !

Les définitions

Nous vous proposons ici plusieurs définitions de mots ou de termes qui se retrouvent dans l'univers d'Internet. Ces définitions toutes simples vous aideront à mieux vous représenter l'univers d'Internet.

World Wide Web ou www
On peut également prononcer tout simplement le **Web**. Il trouve son origine au début des années 1990. À partir des serveurs **Web** et de navigateurs Internet (le premier se nommait Nexus), les internautes peuvent consulter des documents multimédias (images, sons, vidéos) avec une navigation dite hypertexte.

Le navigateur Internet
En 1993, un navigateur diffusé gratuitement est proposé aux internautes, il se nomme **Mosaic**. On peut désormais naviguer sur le Web ou surfer. Avec une adresse Internet **URL** (Uniform Ressource Locator) qui est donnée au navigateur (par exemple : www.editart.org), on est redirigé vers les informations demandées. Ensuite, il suffit de cliquer sur les différents liens hypertextes pour consulter de nouvelles informations. Des images peuvent apparaître au milieu des textes et on peut également télécharger des fichiers.

En 1995, avec son logiciel d'exploitation Windows 95, Microsoft propose son navigateur Web **Internet Explorer**. Depuis la fin des années 1990, c'est le navigateur Internet le plus utilisé dans le monde. Nous vous proposons à la fin de ce chapitre de télécharger la toute dernière version, **Internet 7**.

Courrier électronique ou Email ou Courriel ou @

Le courrier électronique désigne le service de transfert de messages envoyés par Internet vers la boîte électronique des destinataires choisis par l'émetteur. Un système de transmission mondial (SMTP) permet à ces messages sans papier (lettres, documents, photos, etc.) de voyager avec un logiciel de courrier (par exemple : Outlook Express). Ces messages envoyés par Internet sur un serveur (ordinateur) de courrier peuvent être ensuite consultés par le destinataire après qu'il s'est connecté en utilisant un mot de passe.

Favoris

Ce sont les adresses Internet préférées de l'utilisateur, stockées dans un répertoire de son navigateur Internet. Sélectionner un site parmi ses Favoris évite de devoir taper son adresse.

Moteur de recherche

Un moteur de recherche est un logiciel permettant de retrouver des ressources (pages Web, images, vidéos, fichiers de musique, etc.) associées à des mots. Certains sites Web offrent un moteur de recherche comme principale fonctionnalité (par exemple : Google). On appelle alors ce site **moteur de recherche**. Les moteurs de recherche constituent, sur Internet, le principal outil pour trouver une information spécifique. Ce sont de véritables bases de données qui centralisent les informations sur le Web. Leur utilisation est gratuite.

L'internaute formule sa recherche sous forme de mot clé. Il peut combiner plusieurs mots ou expressions. Il peut préciser d'autres critères comme la date ou la localisation. Les résultats apparaissent sous la forme d'une liste d'adresses de pages Web.

Les News ou Forums de discussion électronique

Ensemble de sites Web international prenant la forme de babillards électroniques qui permettent l'échange d'information sur des sujets divers.

Un Flux RSS ou fil RSS (Really Simple Syndication)

Système de gestion d'information permettant de récupérer dynamiquement les nouvelles d'un site d'information directement sur votre ordinateur, avec un logiciel approprié, ou bien d'afficher de manière dynamique un résumé des dernières news de ce fil sur votre site Web.

Antivirus (essentiel si vous faites de l'Internet)

Un antivirus est un logiciel capable d'identifier un virus tentant de s'introduire dans votre ordinateur. La fonction de l'antivirus est de bloquer la tentative d'infection et de prévenir l'utilisateur par une alerte. Aucun logiciel d'antivirus n'est infaillible parce que de nouveaux virus apparaissent chaque jour. Vous devez investir dans l'achat d'un bon logiciel antivirus et renouveler chaque année votre licence.

Virus

Logiciel programmé pour s'installer sur votre ordinateur à votre insu, se reproduire et se dissimuler dans d'autres fichiers avant de déclencher des actions dommageables.

Pare-feu (Firewall)

Logiciel destiné à contrôler les communications Internet et à s'opposer aux intrusions et à l'émission de données confidentielles.

Intranet

Configuration privée et confidentielle d'Internet, conçue particulièrement pour les entreprises utilisant des outils d'Internet (e-mail, Web, forums, etc.), et à laquelle seuls les employés et les membres peuvent accéder.

Internautes

Les utilisateurs d'Internet s'appellent ainsi.

Serveurs

Les serveurs (ordinateurs) offrent des services à leurs ordinateurs clients. Le réseau Internet permet aux serveurs de se connecter entre eux en permanence. Ils constituent la porte d'entrée du réseau.

Blogue ou carnet actif

Le terme blogue vient de l'appellation anglaise « Weblog », qu'on pourrait traduire par «journal sur Internet». Le blogue a pour particularité d'être accessible à tous. En effet, les blogues ont été créés pour donner la parole à tous les internautes, des particuliers aux entreprises.

Les articles (ou billets) sont publiés de façon antichronologique et permettent à tous les lecteurs de réagir sur le sujet évoqué en inscrivant leurs répliques juste en dessous du billet, créant ainsi une relation privilégiée entre l'auteur et ses lecteurs.

Nom de domaine

Toute organisation qui est connectée sur Internet possède une adresse que l'on appelle **nom de domaine**. Ce nom comporte différentes parties (au moins 2) séparées par des points. La première partie identifie le nom de l'entreprise ou du site et les suivantes, si elles sont représentées, correspondent à la ville, la province, etc. La dernière partie représente le pays ou un type d'organisation ou d'activités.
(par exemple : www.editart.org)

Dans le format international, la dernière partie constituée de deux lettres représente un pays. Les zones à trois lettres identifient le type d'organisation.

Les noms de domaine à deux lettres les plus courants sont :

.ca	Canada
.qc	Province du Québec
.au	Australie
.ar	Argentine
.ch	Suisse
.de	Allemagne
.fr	France
.gl	Groenland
.jp	Japon
.tn	Tunisie
.yu	Yougoslavie
.in	Inde

Les noms de domaine à trois lettres les plus courants sont :

.com	Entreprise à vocation commerciale
.edu	Site éducationnel
.gov	Organisation gouvernementale
.mil	Organisation militaire
.net	Fournisseur réseau
.org	Autre organisation
.int	Organisation internationale

Téléchargement de fichiers
C'est une opération de transmission d'informations d'un ordinateur à un autre. Dans cette opération, vous sauvegardez le fichier demandé sur votre ordinateur local (personnel).

Voici une liste de documents généralement téléchargés sur Internet (classés par le nom d'extension du fichier) :

Général

.doc
Fichier texte, le plus connu est Microsoft Word.

.html htm.
Fichier de pages Web. Utilisé dans la création de sites Web.

.pdf
Format de fichier du logiciel Acrobat de Adobe. Très répandu et utilisé pour la diffusion de documents dans Internet.

.ppt ou .pps
Format de fichier du logiciel PowerPoint. Permet de faire des présentations animées et d'y inclure des sons.

Fichiers d'images :

.gif
Format de fichier d'images sur Internet. Fichiers assez compacts mais images limitées à un maximum de 256 couleurs. Permet la transparence et les images animées.

.jpeg ou .jpg
Fichier d'images sur Internet. Permet de produire des photos et images texturées dans les pages Web.

.png
Fichier d'images appelé à remplacer les formats .gif et .jpeg.

Fichiers audio :

.aiff ou .aif ou .au
Très répandu sur Internet.

.mid
Norme pour transmettre des informations musicales entre instruments électroniques et ordinateurs.

.mp3
Format public pour la numérisation audio de haute-fidélité (comparable au disque compact).

.ra ou .ram
Format propriétaire pour la diffusion en direct de séquences sonores et vidéo sur Internet.

.wav
Utilisé par Windows pour stocker des séquences sonores.

Fichiers vidéo :

.avi
Format vidéo générique pour Windows. Généralement utilisé en différé.

.mov ou .qt
Développé par Apple. Excellente qualité d'images.

.mpeg ou .mpg
Norme publique et très utilisée dans Internet.

.ra
Diffusion en direct de séquences sonores et vidéo.

.viv
Diffusion de vidéos sur Internet. Qualité d'images médiocre mais fichiers très compacts.

Format de fichiers de compression, archivage et encodage :

.ace
Format de fichier QuickZip. Permet le morcellement en fragments qui sont rassemblés lors de la décompression.

.bin
Format de fichier compressé Macintosh.

.exe
Il s'agit du programme proprement dit.

. gz ou .gzip
Fichier pour la plate-forme UNIX.

.rar
Efficace pour la compression de très gros fichiers.

.zip
Compression et archivage de fichiers; format très connu sur Internet et développé par DOS et Windows.

MSN Messenger
MSN Messenger est le système de messagerie instantanée et de vidéoconférence de Microsoft. Souvent appelé MSN, il permet de communiquer en direct avec un autre internaute, soit par écrit en direct au clavier, soit par caméra avec un micro. C'est la communication gratuite par Internet.

Spyware ou logiciel espion
Programme qui collecte des informations personnelles sur les utilisateurs sans avoir obtenu leur autorisation au préalable.

Cookie
Fichier écrit sur l'ordinateur de l'internaute par le serveur Web distant, permettant de sauvegarder un contexte de connexion (produits commandés, préférences, etc.).

Nétiquette
Règles dictant ce qu'on doit faire et ce qu'on ne doit pas faire sur le réseau.

Spam ou polluriel
Message inutile, sans rapport avec le sujet de discussion, qui est diffusé massivement lors d'un pollupostage.

Chat ou clavardage (IRC – Internet Relay Chat)
Échange direct sous forme de texte en temps réel d'un internaute avec d'autres internautes.

HTML
Langage servant à la publication de pages Web sur Internet (HyperText Markup Language).

IP
Adresse unique à un ordinateur qui permet à d'autres ordinateurs de le localiser et de communiquer avec lui sur Internet.

Protocole
Ensemble de spécifications qui décrivent les règles à suivre dans un échange de données.

TCP
Protocole responsable de la préparation des données sous forme de paquets avant l'expédition et de l'assemblage dans le bon ordre lors de la réception. Chaque paquet contient l'adresse du destinataire (Transmission Control Protocol/Internet Protocol).

HTTP
Protocole d'accès pour transmettre ou recevoir les données sur Internet. Il permet de visualiser les pages Web (Hypertext Transfer Protocol).

HTTPS
Version sécurisée du protocole http. Par exemple, https permet aux internautes d'effectuer des paiements ou de régler leurs impôts en ligne en toute sécurité (HyperText Transfer Protocol Secured).

FTP
Protocole pour le transfert ou le téléchargement d'une copie de fichiers entre votre ordinateur et un ordinateur distant nommé serveur (File Transfer Protocol).

SMTP
Protocole pour le courrier électronique (Simple Mail Transfer Protocol).

Équipement requis pour Internet

Ordinateur performant
Que ce soit Macintosh, PC, système Unix, etc.

Modem
Permet de communiquer avec un autre ordinateur.
• Interne : carte insérée dans l'ordinateur.
• Externe : appareil branché à l'ordinateur tel qu'un modem téléphonique ou un modem câble ou tout autre modem offert par le fournisseur.

Logiciels de communication
• Comme le module TCP/IP intégré à Windows pour établir la connexion complète avec le serveur du fournisseur.
• Fureteur ou navigateur : comme Microsoft Internet Explorer ou Netscape Communicator.
• Autres logiciels : logiciels inclus dans l'abonnement à Internet, tels que celui pour le transfert de fichiers ou pour discussion à distance.

Accès à Internet
En s'abonnant à un fournisseur Internet, on peut connecter son ordinateur à son serveur.

Téléchargement d'Internet 7

Nous vous proposons, dans les lignes qui suivent, la procédure pour télécharger la dernière version du navigateur Internet Explorer 7. C'est gratuit et tellement facile à faire... moins de 10 minutes.

NOTE : Nous tenons à vous préciser que si votre système d'exploitation est antérieur à Windows XP, vous ne pourrez pas télécharger Internet Explorer 7.

Procédure pour télécharger Internet Explorer 7

Tapez dans la barre d'adresses : **www.microsoft.ca**

Cliquez sur **Microsoft Canada Français** (en haut à droite, dans la page Web).

Tapez dans la zone de recherche **télécharger Internet 7** et appuyez sur la touche **Entrée** du clavier.

Dans la liste des résultats de la recherche, cliquez sur le lien **Internet Explorer 7 : téléchargements.**

Vous devez sélectionner le système d'exploitation de votre ordinateur (flèche du bas).

Ensuite, cliquez sur le bouton **Télécharger** (flèche du haut).

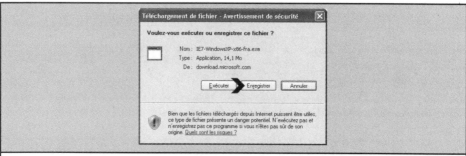

Cliquez sur le bouton **Enregistrer** pour enregistrer le programme d'installation sur votre ordinateur.

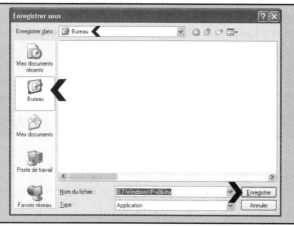

Enregistrez le fichier téléchargé sur le **Bureau** de votre ordinateur (plus facile à repérer).

Ensuite, rendez-vous sur le **Bureau** et activez l'installation du programme en cliquant 2 fois pour l'ouvrir.

La nouvelle version de votre navigateur s'installera.

Si on vous demande de redémarrer votre ordinateur, faites-le.

Lorsque le nouveau programme sera installé et fonctionnel, vous pourrez détruire l'icône du fichier téléchargé qui se trouve sur le **Bureau** et l'envoyer à la **Corbeille**.

Chapitre 2

Le navigateur Internet Explorer

Le navigateur Internet Explorer

Le logiciel de navigation permet d'avoir accès à la plupart des ressources d'Internet. C'est un outil très populaire, celui qui génère le plus de trafic. Sur une page Web, les informations sont représentées par des textes, des images, des sons et des vidéos. Des liens entre ces pages, appelés liens hypertextes, fonctionnent avec des pointeurs qui se composent d'un ou de plusieurs mots clés. Ces pointeurs vous amènent soit vers une autre page du document, soit vers une page d'un autre serveur. Ce sont des hyperliens (représentés par une main).

L'expression **Page Web** ne doit pas être prise au sens littéral. Dans les faits, il s'agit d'un document qui, grâce aux liens hypertextes, sert de tremplin vers d'autres pages, d'autres sites Internet.

L'URL (Uniform Ressource Locator), ou adresse Internet, est la méthode avec laquelle les documents sont adressés sur le Web. Toutes les informations sur Internet possèdent une URL. Celle-ci indique aussi le serveur sur lequel la page est hébergée.

Le navigateur **Internet Explorer 7** s'est beaucoup simplifié. Son interface modernisée et rationalisée vous permet d'accéder plus facilement aux informations qui vous intéressent tout en écartant celles qui polluent votre écran. L'organisation des pages Web vous permet d'avoir plus d'espace pour celles-ci.

L'interface du navigateur

Le Zoom
Le **Zoom** agrandit les pages Web individuelles, qu'il s'agisse de textes ou d'illustrations, pour faire la mise au point d'un contenu particulier ou pour rendre plus accessible l'affichage pour les malvoyants. Le bouton est situé à droite, en bas du navigateur.

Utiliser le ZOOM	
Cliquez simplement sur la **flèche** à droite du 100 % (en bas, à droite du navigateur dans la barre d'état) et choisissez la grandeur souhaitée.	Zoom avant Ctrl + Zoom arrière Ctrl - 400% 200% 150% 125% ● 100% 75% 50% Personnaliser...

**Visionner «Plein écran» la page Web visitée
(sans l'affichage des barres de menus et d'outils)**

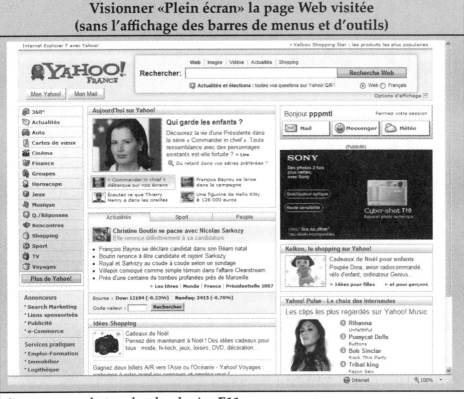

Appuyez sur la touche du clavier **F11**.

Pour revenir à l'affichage précédent, appuyez de nouveau sur **F11**.

Le bouton Page précédente et le bouton Page suivante de la barre d'outils

Le bouton **Page précédente** permet de visionner la page que vous avez consultée avant.

Le bouton **Page suivante** permet de visionner la page suivante que vous avez consultée.

La **flèche** qui suit le bouton **Page suivante** vous donne la liste de toutes les pages précédentes consultées lors d'une même connexion.

Consulter rapidement une page déjà visitée.

Cliquez sur la **flèche** située après le bouton **Page suivante** et accédez à la page consultée précédemment.
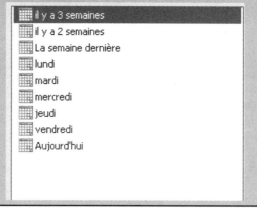
Un choix en fin de liste vous propose de consulter l'**Historique** des pages consultées.
Si vous sélectionnez cette option, une fenêtre s'ouvre et vous propose de consulter les pages des dernières semaines de connexion ou de la semaine en cours. Si vous cliquez sur une semaine ou une journée de la semaine, le navigateur vous donne la liste des sites consultés selon la période choisie. Cliquez sur un titre pour accéder au site. Cette liste contient tous les sites dont vous avez saisi l'adresse, mais également tous les sites où vous avez cliqué sur un lien hypertexte à l'intérieur des pages consultées.

La barre d'adresses

Elle est située immédiatement après les boutons **Page précédente** et **Page suivante**. C'est à cet endroit que vous écrivez les adresses de sites Web (URL) auxquels vous désirez accéder.

Nous vous recommandons de toujours inscrire trois w (www) au début de chaque adresse. Ensuite, inscrivez l'adresse, suivie de l'extension à deux ou trois lettres selon le cas.

Lorsque vous saisissez, par exemple, l'adresse suivante : **www.google.ca** :
Ne jamais faire d'espace dans l'adresse.
Ne jamais mettre d'accent dans l'adresse.

Le navigateur ajoutera les données suivantes :
http://www.google.ca/

Dès que vous faites un clic dans la barre d'adresses, l'adresse déjà présente dans la barre devient bleue. Vous pouvez taper sur le clavier immédiatement la nouvelle adresse désirée. Quand vous commencerez à taper, l'ancienne adresse s'effacera immédiatement. Après avoir saisi l'adresse, appuyez sur la touche **Entrée**.

Si une adresse Internet se termine par l'extension .**com**, tapez le nom; ensuite, en appuyant sur la touche **Ctrl** du clavier tout en la maintenant enfoncée, appuyez sur la touche **Entrée**. Le système ajoutera alors les **www** et l'extension .**com** à votre adresse.

L'historique de la barre d'adresses

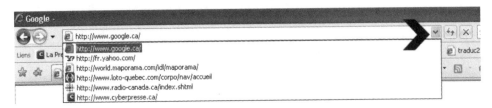

Lorsque vous appuyez sur la flèche située à droite de la barre d'adresses, une fenêtre s'ouvre en défilement. Vous retrouvez dans cette liste l'historique des sites que vous avez visités en tapant l'adresse URL. Elle contient seulement la liste des pages hypertextes saisies que vous avez consultées. Elle ne contient pas la liste des liens hypertextes sur lesquels vous avez cliqué dans les pages visitées.

Le bouton Actualiser (A), le bouton Arrêter (B) et l'espace Zone de recherche (C)

Les trois objets sont situés à la droite de la barre d'adresses.

Le bouton **Actualiser (A)**
Deux flèches vertes en mouvement permettent de rafraîchir la page demandée, c'est-à-dire que le navigateur réaffiche la page avec les informations mises à jour s'il y a lieu. La touche **F5** du clavier est le raccourci du bouton **Actualiser**.

Le bouton **Arrêter (B)**
Un X rouge permet d'arrêter la transmission de la page demandée et du même coup son affichage. La touche **Échap** du clavier (en haut à gauche) est le raccourci du bouton **Arrêter**.

L'espace **Zone de recherche (C)**
Cette zone vous permet de faire des recherches sur Internet avec les moteurs de recherche disponibles dans cet outil. Les recherches sur le Web à l'aide de votre fournisseur de recherche favori peuvent être entrées dans une zone de recherche sur la barre d'outils. Cela en réduit considérablement l'encombrement. Vous pouvez facilement choisir un fournisseur dans la liste déroulante ou ajouter davantage de fournisseurs. Nous verrons dans le chapitre 7, qui traite de la recherche sur le Web, comment personnaliser cette barre.

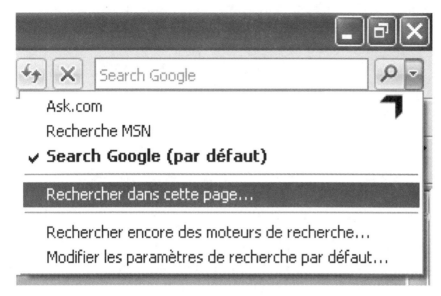

Si vous appuyez sur la flèche à l'extrême droite de la zone de recherche, vous pourrez faire des recherches dans la page que vous consultez. Cliquez sur **Rechercher dans cette page.**

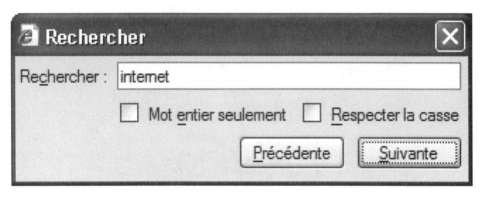

Il suffit d'écrire le mot (sujet) que vous désirez retracer dans la page et d'appuyer sur le bouton **Précédente** ou **Suivante**. Le navigateur vous indiquera, par une sélection en bleu, l'endroit où se trouve le mot recherché.

La barre de menus

La **barre de menus** représente la liste des menus disponibles pour consultation et modifications. Cette barre peut être masquée (non affichée) pour gagner de l'espace dans la page Web que vous consultez.

Pour enlever la **barre de menus**, cliquez avec le bouton droit de la souris sur la barre. Cliquez sur le nom **Barre de menus,** tel qu'il est illustré, et elle disparaîtra automatiquement.

Les Favoris

Dans Internet Explorer, le dossier des favoris est le dossier permettant d'accéder rapidement à une adresse couramment utilisée.

Le centre des Favoris rend la gestion de vos sites préférés, de l'historique de navigation et de vos Flux RSS encore plus simple. Le chapitre 3 du présent ouvrage vous explique son fonctionnement en détail.

La navigation par onglets

Avec la nouvelle version d'Internet, vous pouvez maintenant afficher simultanément plusieurs fenêtres de différents sites par la navigation par onglets.

Les onglets peuvent être regroupés et enregistrés dans des catégories logiques, ce qui permet d'ouvrir plusieurs onglets d'un simple clic. Un groupe d'onglets peut facilement être configuré comme le groupe page d'accueil, de sorte que tout le groupe d'onglets s'ouvre dès qu'Internet Explorer est lancé.

Lorsque vous démarrez votre navigateur, votre page d'accueil s'affiche dans le premier onglet. Pour afficher d'autres sites en même temps, cliquez sur le bouton du nouvel onglet qui est vide. Saisissez l'adresse du site désiré dans la barre d'adresses. Votre page d'accueil restera dans le premier onglet.

Vous pouvez demander autant d'onglets que vous le désirez. Si vous avez ouvert plusieurs onglets, il vous sera possible de consulter les sites ouverts de deux façons.

Pour un aperçu rapide des sites ouverts dans les onglets, appuyez sur le bouton **Aperçu mosaïque** (4 petits carrés au début des onglets).

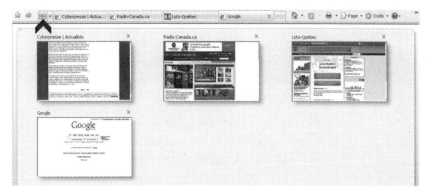

Une fenêtre s'affichera et vous présentera les sites ouverts de tous les onglets.

**Accéder à la liste des onglets
par la liste déroulante**

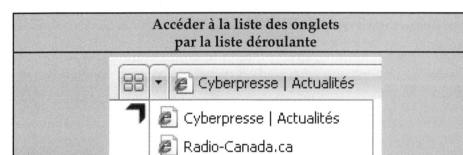

Cliquez sur la flèche suivant le bouton **Aperçu mosaïque**. Une fenêtre déroulante apparaîtra et vous n'aurez qu'à cliquer sur la page de votre choix. La page affichée dans le navigateur est précédée d'un crochet.

Il est aussi simple de fermer des onglets que de les ouvrir. Cliquez simplement sur le bouton **Fermer (X)** qui apparaît à droite de l'onglet sélectionné.

**Ajouter la liste de plusieurs onglets
à votre page de démarrage**

Cliquez sur le bouton **Accueil.**

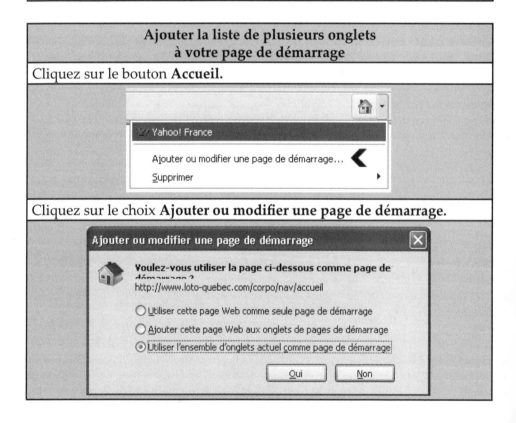

Cliquez sur le choix **Ajouter ou modifier une page de démarrage.**

Cliquez sur le choix **Utiliser l'ensemble d'onglets actuel comme page de démarrage**.
Appuyez sur **Oui**.

La barre Liaisons

La barre **Liaisons** vous permet de personnaliser une liste de vos sites Web préférés. Vous pourrez alors, d'un simple clic, accéder à ces sites Web. Cela sera, si l'on peut dire, le top 10 de vos sites favoris.

Se référer au chapitre 4 pour connaître tous les détails reliés à cette fonction.

Le bouton Accueil

Lorsque vous cliquez sur le bouton **Accueil**, celui-ci vous ramène automatiquement à la première page Web à laquelle vous accédez lorsque vous vous connectez à Internet.

Vous pouvez modifier votre page d'accueil. Précisons que la page que vous désirez en page d'accueil n'est pas nécessairement la première page d'un site (par exemple : sur un site de loterie, vous pouvez placer en page d'accueil les résultats des loteries; ou encore, sur un site de météo, vous pouvez placer en page d'accueil la météo de votre quartier).

Afficher une page d'accueil de votre choix
Dans un premier temps, vous devez vous rendre sur la page Web que vous souhaitez placer en page de démarrage.
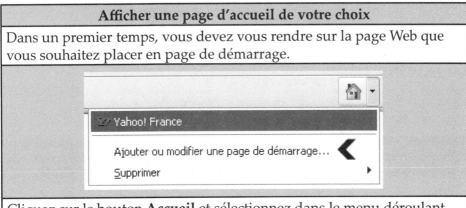
Cliquez sur le bouton **Accueil** et sélectionnez dans le menu déroulant **Ajouter ou modifier une page de démarrage**.

Sélectionnez le choix **Utiliser cette page Web comme seule page de démarrage**.

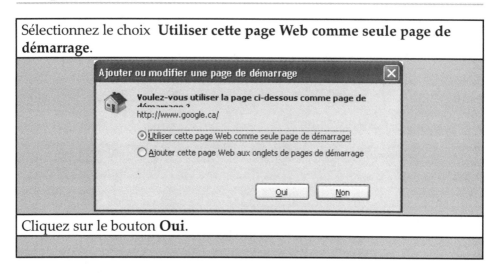

Cliquez sur le bouton **Oui**.

NOTE : Le bouton Flux sera défini au chapitre 3.

Le bouton Imprimer

Si vous appuyez simplement sur le bouton **Imprimer**, le navigateur enverra immédiatement l'information de la page en cours vers l'imprimante. Faite attention, car si votre page est très longue, vous pourriez imprimer beaucoup de pages. Vérifiez la barre de défilement à droite du navigateur pour avoir un aperçu de la longueur de la page Web visitée. Cette barre de défilement est proportionnelle, c'est-à-dire que si elle est divisée en deux parties, l'information contenue sur la page visitée est d'une étendue de deux écrans.

Se référer au chapitre 6 pour connaître tous les détails reliés à cette fonction.

Le bouton Page

Le bouton **Page** a plusieurs fonctions :

1. Nouvelle fenêtre : ouvrir la page dans une autre fenêtre du navigateur.
2. Enregistrer sous. : enregistrer la page dans un dossier de Windows.
3. Envoyer la page par courrier électronique.
4. Envoyer le lien par courrier électronique.

Le bouton Outils

Le bouton **Outils** et le sous-menu **Options Internet** qui s'y trouve vous permettent de modifier les préférences de votre navigateur.

Se référer au chapitre 5 pour connaître tous les détails reliés à cette fonction.

La sécurité de vos données et de vos transactions

Lorsque vous consultez un site sécurisé, un cadenas apparaît immédiatement à la suite de l'adresse Internet. Ce symbole signifie que ces données sont chiffrées.

Le chiffrement ou l'encryptage

Le chiffrement est le moyen de coder les données avant qu'elles soient transmises par Internet. Vos données chiffrées seront décodées sur un serveur protégé.

Le chiffrement empêche les personnes non autorisées d'accéder à vos renseignements personnels. Vos données sont chiffrées avant que vous les envoyiez à leur destinataire. Elles sont transformées de manière à pouvoir être transmises par Internet en toute sécurité. Une fois que les données sont chiffrées, seul le destinataire peut les lire.

En plus du cadenas, vous pouvez vérifier si les informations que vous tapez sont sécurisées en regardant l'adresse : l'adresse de la page sécurisée doit commencer par **https://** et non **http://**.

Dans l'exemple de la page suivante, nous vous présentons le site du Collège de Maisonneuve, dans la rubrique pour accéder aux notes des élèves. Lorsque vous accédez à une rubrique sécurisée et que le cadenas apparaît, cliquez sur le cadenas pour voir le **Rapport de sécurité.**

Remarquez, au début de l'adresse Internet, le **https://**

Alors maintenant, lorsque vous magasinez chez Archambault ou Sears, que vous achetez vos billets de spectacles ou que vous faites vos transactions bancaires, soyez assuré, si le cadenas est affiché, que les informations transmises sont confidentielles.

Chapitre

3

Centre des favoris

Le Centre des favoris

Le Centre des favoris offre un accès rapide et facile aux favoris, aux groupes d'onglets, à l'historique de la navigation et aux abonnements à des Flux RSS. Le centre peut être développé ou il peut être fixé, pour un accès plus simple. Cliquez sur la flèche verte pour fixer des favoris.

L'onglet **Favoris** vous donne rapidement accès à la liste complète des sites **Internet** que vous avez enregistrés comme **Favoris**; vous n'avez pas à saisir de nouveau l'adresse URL de ces sites.

L'onglet **Historique** vous permet de rechercher un site que vous avez déjà visité lors des derniers jours ou dernières semaines.

L'onglet **Flux RSS** vous signale automatiquement les **Flux RSS** sur les sites en illuminant une icône sur la barre d'outils. Un simple clic sur cette icône vous permet de les afficher et de vous inscrire aux **Flux RSS** du site, puis d'être prévenu dès que le contenu est mis à jour. Vous pouvez lire les **Flux RSS** directement dans votre navigateur, rechercher des faits importants, filtrer l'affichage avec des termes de recherche ou en utilisant des catégories spécifiques au site.

Introduction au RSS

Le standard **RSS** est un système qui permet de diffuser en temps réel les nouvelles des sites d'information ou de blogues.

Les mises à jour de ces sites d'information sont automatiquement indexées, ce qui permet de consulter un titre et un résumé des derniers ajouts ou d'obtenir la version complète du site.

Les sites proposant un ou plusieurs fils d'actualités au format **RSS** arborent parfois un des logos suivants :

| RSS |
---
ou

| XML |

Les moteurs de recherche comme Yahoo et Google proposent désormais des fonctions de **Flux RSS** sur leur page d'accueil.

Les agences d'information et autres sites dynamiques offrent désormais aux abonnés un Flux RSS pour alimenter ou télécharger des informations telles que les titres en haut de page, les annonces de réduction du prix des voyages, les résultats sportifs et d'autres contenus pertinents.

Alerte Flux RSS

Si le bouton Flux du navigateur Internet Explorer s'allume, cela signifie que le site offre des Flux RSS.

Le bouton **Flux**

Lorsque vous visitez un site possédant un **Flux**, cliquez sur l'icône (une étoile allumée apparaît sur le bouton) pour afficher le **Flux** et, si vous le souhaitez, inscrivez-vous pour qu'il soit directement envoyé à votre ordinateur.

Lorsque vous cliquez sur le bouton **Flux,** le Flux est automatiquement ajouté au **Centre des favoris** et à la liste de **Flux** commune afin d'être partagé avec d'autres programmes.

La gestion du Centre des favoris

Ajouter un site Internet dans la liste de vos Favoris

Pour notre exemple, rendez-vous sur le site *www.canada.ca* (site officiel du gouvernement du Canada).

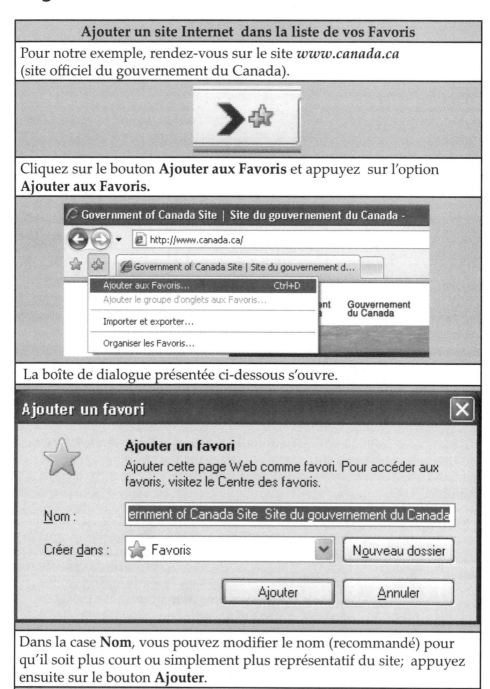

Cliquez sur le bouton **Ajouter aux Favoris** et appuyez sur l'option **Ajouter aux Favoris**.

La boîte de dialogue présentée ci-dessous s'ouvre.

Dans la case **Nom**, vous pouvez modifier le nom (recommandé) pour qu'il soit plus court ou simplement plus représentatif du site; appuyez ensuite sur le bouton **Ajouter**.

Ajouter le site Internet dans un nouveau dossier

Lors de l'ajout du site au dossier des Favoris, cliquez sur le bouton **Nouveau dossier**.

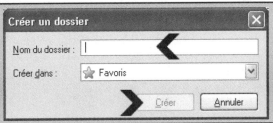

Tapez, dans la case **Nom du dossier,** le nom du nouveau dossier que vous désirez créer dans le **Centre des favoris**; puis, appuyez sur le bouton **Créer**.

Accéder à un dossier déjà créé dans la liste des Favoris

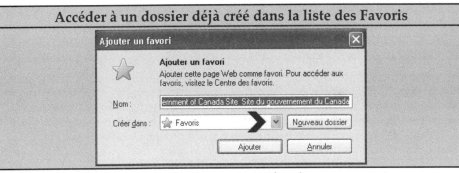

Appuyez sur la flèche à la fin de la case **Créer dans** :

Sélectionnez le dossier qui recevra le **Favori** et appuyez sur le bouton **Ajouter**.

Organiser vos Favoris	
	Appuyez sur le bouton **Ajouter aux Favoris** et appuyez sur le choix **Organiser les Favoris.**
	Vous pouvez, à partir de la liste présentée, créer de nouveaux dossiers, déplacer des dossiers, renommer des dossiers ou tout simplement en supprimer de la liste.

Exporter vos Favoris dans un fichier distinct comme copie de sécurité (pour ne pas les perdre)
Cliquez sur le bouton **Ajouter aux Favoris** et cliquez sur le choix **Importer et exporter.**
La boîte de dialogue de l'**Assistant Importation/Exportation** s'ouvre. Cliquez sur le bouton **Suivant**.
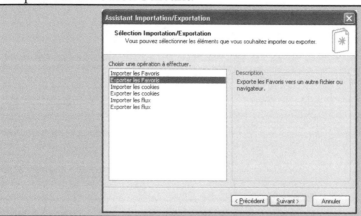
Sélectionnez le choix **Exporter les Favoris** et cliquez sur le bouton **Suivant**.

Sélectionnez le dossier **Favoris** (il est déjà sélectionné par défaut) pour que tous vos **Favoris** soient enregistrés dans le fichier récepteur.

Appuyez sur le bouton **Suivant**.

Cliquez sur le bouton **Parcourir** pour indiquer le dossier vers lequel vous désirez faire une copie de vos **Favoris**. Votre dossier se nommera alors **bookmark.htm.**

Cliquez sur le bouton **Enregistrer** et cliquez sur le bouton **Suivant**.

Cliquez sur le bouton **Terminer**.

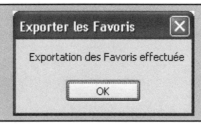

Une fenêtre apparaîtra pour confirmer l'exportation des **Favoris**.

Cliquez sur **OK**.

Récupérer vos Favoris enregistrés dans un fichier de sauvegarde
Cliquez sur le bouton **Ajouter aux Favoris.**
Sélectionnez I**mporter et exporter** et cliquez sur le bouton **Suivant**.
Sélectionnez **Importer les Favoris** et cliquez sur le bouton **Suivant**.
Cliquez sur le bouton **Parcourir.**

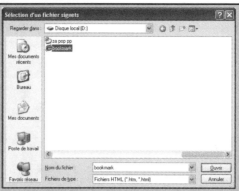

Cliquez sur le fichier **bookmark** et appuyez sur le bouton **Ouvrir**.

Appuyez sur le bouton **Suivant**. On sélectionne pour vous le dossier **Favoris**, appuyez sur le bouton **Suivant**. Appuyez sur le bouton **Terminer** pour compléter l'importation.

Une fenêtre apparaîtra pour confirmer l'importation des **Favoris**.

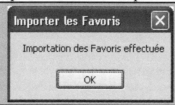

Cliquez sur **OK**.

Ajouter un groupe d'onglets aux Favoris
(lorsque vous voulez ajouter à votre liste de **Favoris** tous les onglets
des pages Web consultées en un seul groupe)

Cliquez sur le bouton **Ajouter aux Favoris**.

Cliquez sur le bouton **Ajouter le groupe d'onglets aux Favoris**.

Donnez le nom que vous voulez au groupe dans la case **Nom du groupe d'onglets**.

Indiquez dans quel dossier de vos **Favoris** vous voulez enregistrer le groupe dans la case **Créer dans**.

Cliquez sur **Ajouter**.

Chapitre 4

La barre Liaisons

La barre Liaisons

La barre Liaisons est en lien direct avec le dossier **Liens** du **Centre des favoris**. Cette barre vous permet de regrouper vos raccourcis de sites Web. C'est un peu le top 10 des sites que vous visitez régulièrement.

Vous pouvez ajouter, supprimer ou réorganiser vos raccourcis vers vos Favoris et vers des dossiers de Favoris. La personnalisation de la **barre Liaisons** vous permet d'accéder d'un seul clic à vos pages favorites.

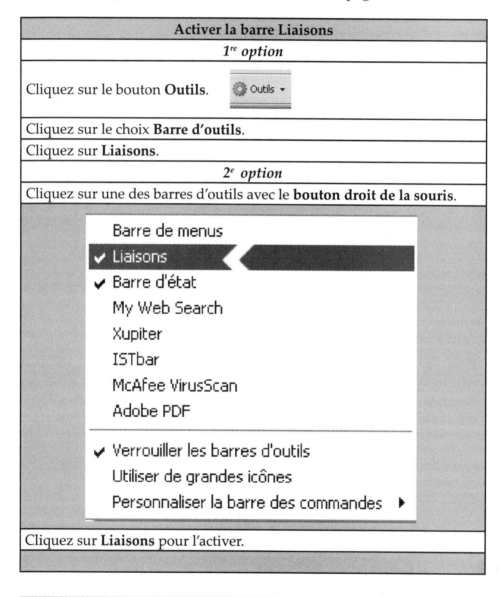

Activer la barre Liaisons
1re option
Cliquez sur le bouton **Outils**.
Cliquez sur le choix **Barre d'outils**.
Cliquez sur **Liaisons**.
2e option
Cliquez sur une des barres d'outils avec le **bouton droit de la souris**.
Cliquez sur **Liaisons** pour l'activer.

Vous pouvez également faire glisser l'icône de la page Internet en cours (située à gauche de l'adresse URL dans la barre d'adresses) ou faire glisser un lien directement de la page Web vers la barre **Liaisons**.

Exemple 1 : Création d'un raccourci directement de la barre d'adresses vers la barre Liaisons

Exemple 2: Création d'un raccourci directement d'un lien d'une page Web vers la barre Liaisons.

Renommer un lien
Cliquez sur le lien avec le **bouton droit de la souris.**
Cliquez sur le choix **Renommer**.
Renommez le lien et, de préférence, donnez-lui un nom plus court.
Cliquez sur **OK**.

Supprimer un lien
Cliquez sur le lien à supprimer avec le **bouton droit de la souris.**
Cliquez sur **Supprimer**.
Cliquez sur **Oui** pour confirmer la suppression.

Chapitre 5

Le bouton Outils / Options Internet

Le bouton Outils / Options Internet

Lorsque vous naviguez sur le Web, le navigateur enregistre des informations sur les sites Web que vous consultez, ainsi que les informations que vous devez fréquemment fournir (par exemple votre nom et votre adresse). Voici la liste des éléments que stocke Internet Explorer :

- Fichiers Internet temporaires

- Cookies

- L'historique des sites Web que vous avez consultés.

- Les informations que vous avez entrées sur des sites Web ou dans la barre d'adresses. Ces données sont appelées *données de formulaires enregistrées*; elles comprennent par exemple votre nom, votre adresse et les adresses des sites Web que vous avez visités précédemment.

- Mots de passe

- Informations temporaires enregistrées par les modules complémentaires de votre navigateur

Il peut être utile de stocker ces informations sur votre ordinateur.

Cela permet en effet d'accélérer la navigation ou de fournir automatiquement des informations que vous n'avez pas à taper sans cesse. Vous pouvez supprimer ces informations. Si vous utilisez un ordinateur public et que vous ne souhaitez pas que vos informations personnelles y restent, procédez de la façon indiquée ci-dessous.

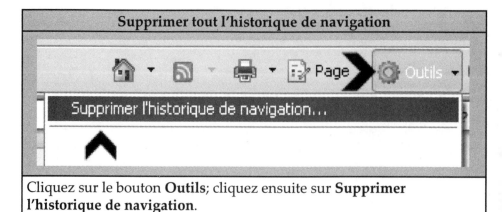

Supprimer tout l'historique de navigation

Cliquez sur le bouton **Outils**; cliquez ensuite sur **Supprimer l'historique de navigation**.

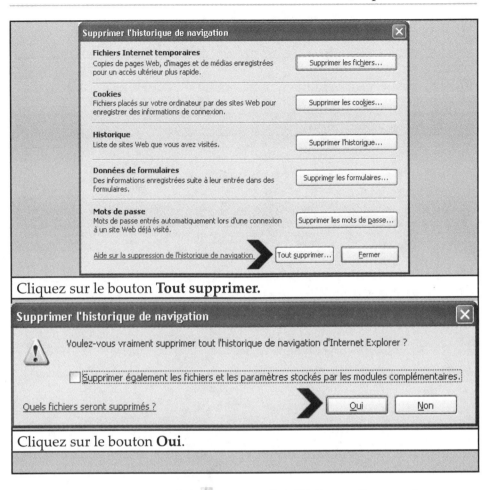

Cliquez sur le bouton **Tout supprimer.**

Cliquez sur le bouton **Oui.**

Les catégories spécifiques de l'historique de navigation

Définition des catégories et suppression des informations d'une des catégories
Fichiers Internet temporaires Copies de pages Web, d'images et de médias enregistrés pour un accès ultérieur plus rapide.
Cookies Fichiers placés sur votre ordinateur par des sites Web pour enregistrer des informations de connexion (en d'autres termes, ce sont des raccourcis).
Historique Liste des sites Web que vous avez visités.

Données de formulaires

Des informations enregistrées après leur entrée dans des formulaires.

Mots de passe

Mots de passe entrés automatiquement lors d'une connexion à un site Web déjà visité.

Cliquez sur le bouton **Outils**.

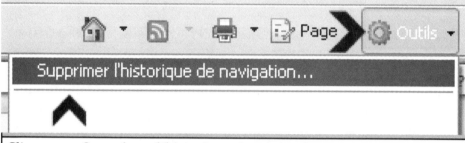

Cliquez sur **Supprimer l'historique de navigation**.

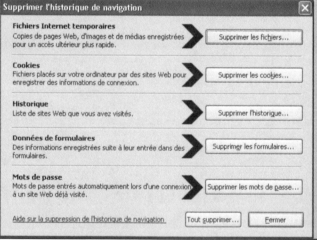

Cliquez sur le bouton **Supprimer** à côté de la catégorie d'informations à supprimer.

Cliquez sur le bouton **Oui** (selon la catégorie choisie).

Cliquez sur le bouton **Fermer**.

Fermez le navigateur lorsque vous avez fini pour supprimer les cookies qui restent en mémoire de la session en cours. Cela est particulièrement important lorsque vous utilisez un kiosque ou un ordinateur public.

La suppression de l'historique de navigation ne supprime pas vos **Favoris** ou les **Flux** auxquels vous êtes abonné. Cette opération supprime uniquement les fichiers temporaires, l'historique de navigation, les informations enregistrées dans les formulaires et les mots de passe enregistrés.

Personnaliser les paramètres de l'historique de navigation
Cliquez sur le bouton **Outils**.
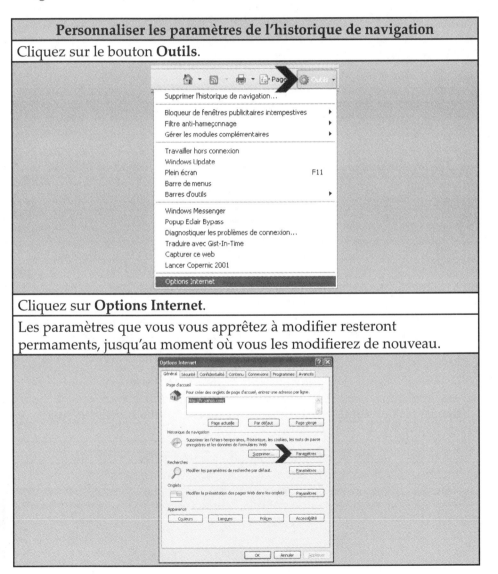
Cliquez sur **Options Internet**.
Les paramètres que vous vous apprêtez à modifier resteront permaments, jusqu'au moment où vous les modifierez de nouveau.

Cliquez sur le bouton **Paramètres** de la section **Historique de navigation**.

Paramètres des fichiers Internet temporaires et de l'historique ☒

Fichier Internet temporaires

Internet Explorer maintient une copie des pages Web, des images et des médias visités pour un accès ultérieur plus rapide.

Vérifier s'il existe une version plus récente des pages enregistrées :

- ⦿ À chaque visite de cette page Web
- ○ À chaque démarrage de Internet Explorer
- ○ Automatiquement
- ○ Jamais

Espace disque à utiliser (8 - 1024 Mo) :
(Recommandé : 50 - 250 Mo) | 1024 ⬍ |

Emplacement actuel :

C:\Documents and Settings\philippe pelletier\Local Settings\Temporary Internet Files\

| Déplacer le dossier... | | Afficher les objets | | Afficher les fichiers |

Historique

Spécifiez pendant combien de jours Internet Explorer doit garder la liste des sites visités.

Jours pendant lesquels ces pages sont conservées : | 20 ⬍ | ◀

▶ | OK | | Annuler |

Apportez les modifications désirées. Spécifiez combien de jours que vous désirez que le navigateur garde l'historique.

Cliquez sur le bouton **OK** pour enregistrer les changements.

Cliquez sur le bouton **OK** une autre fois pour fermer la fenêtre.

Saisie semi- automatique des adresses de sites Web

Activer la saisie semi-automatique des adresses de sites Web déjà consulter afin qu'elles se complètent lorsque vous commencez à les saisir de nouveau
Cliquez sur le bouton **Outils**.
Cliquez sur **Options Internet**.
Cliquez sur l'onglet **Avancés**.

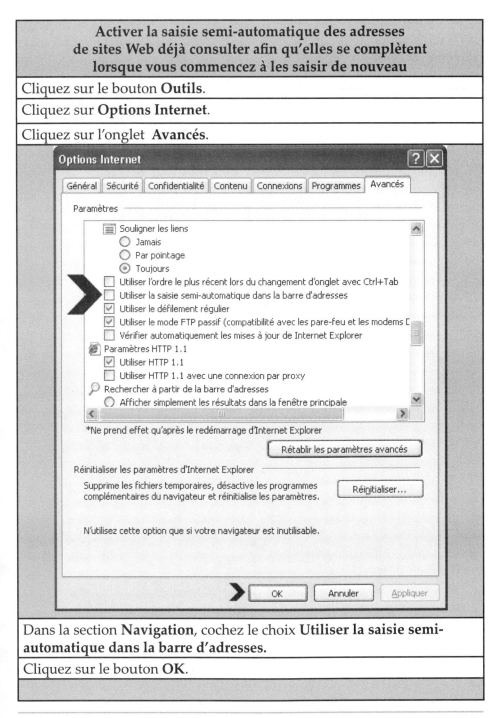

Dans la section **Navigation**, cochez le choix **Utiliser la saisie semi-automatique dans la barre d'adresses**.
Cliquez sur le bouton **OK**.

Afficher la barre de menus en haut de l'écran
1re option: Temporaire
Pour l'afficher de manière temporaire : appuyez sur **Alt**.
2e option: Permanente
Cliquez sur le bouton **Outils**.
Cliquez sur le choix **Barre de menus**.

Chapitre 6

Le bouton Imprimer

Le bouton Imprimer

Si vous cliquez sur le bouton **Imprimer**, le navigateur envoie automatiquement vers l'imprimante toutes les informations de la page définie par défaut. Si la page Web consultée est très longue, vous aurez alors plusieurs pages en impression.

Si vous cliquez sur la flèche suivant le bouton **Imprimer**, vous aurez un meilleur contrôle de votre impression.

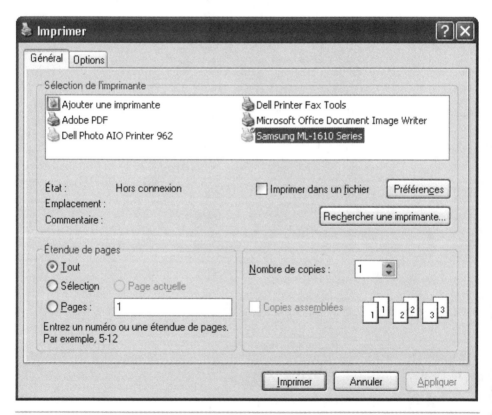

- Vous pouvez choisir l'imprimante, si vous êtes en réseau.

- Vous pouvez imprimer seulement une partie de la page si vous avez, au préalable, sélectionné la section qui vous intéresse. Il vous suffit de cocher le bouton **Sélection** de la fenêtre **Imprimer.**

- Vous pouvez demander le nombre de copies que vous désirez.

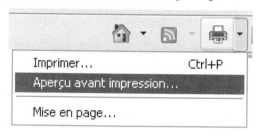

Si vous appuyez sur la flèche suivant le bouton **Imprimer** et que vous choisissez l'option **Aperçu avant impression,** une fenêtre s'affiche et vous propose de modifier l'impression de la page Web.

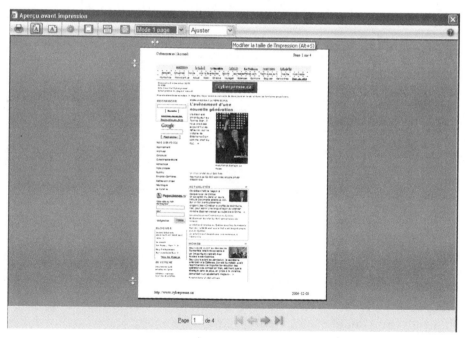

Vous pouvez entre autres, ajuster le contenu de la page (pleine largeur ou pleine page), changer l'orientation de la page (portrait ou paysage), activer ou désactiver les en-têtes et les pieds de page, selon les icônes affichées dans la barre d'outils.

Si vous cliquez sur la flèche suivant le bouton **Imprimer** et que vous choisissez l'option **Mise en page,** une fenêtre de dialogue s'affiche et vous permet de modifier les informations des en-têtes et des pieds de page, de modifier l'orientation de la page, de modifier les marges et la taille du papier.

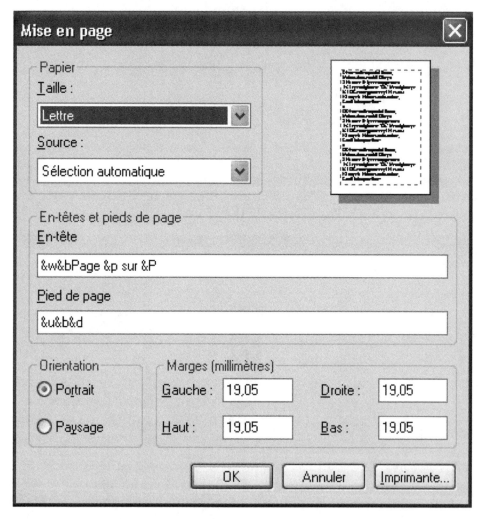

Vous pouvez cliquer sur **OK** pour fermer la fenêtre de dialogue ou sur le bouton **Imprimante** pour envoyer immédiatement le document vers l'imprimante pour impression.

Imprimer une partie de page seulement

Sélectionnez la portion de la page que vous souhaitez imprimer.

Appuyez sur les touches **Ctrl+P** de votre clavier.

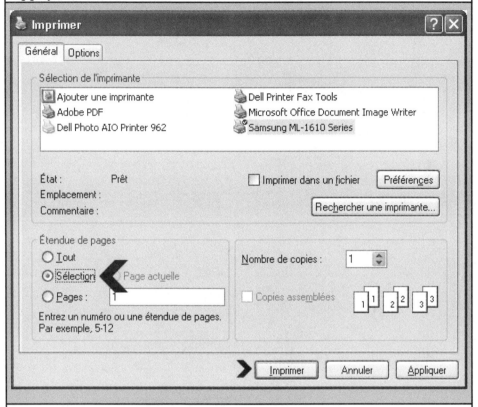

Cochez le choix **Sélection**.

Cliquez sur le bouton **Imprimer.**

Chapitre 7

Rechercher et télécharger des fichiers dans Internet

Recherche dans Internet

La zone de recherche du navigateur

Le navigateur permet d'utiliser vos moteurs de recherche préférés. Grâce à la zone de recherche intégrée, vous pouvez effectuer une recherche dans le Web à tout moment sans avoir à ouvrir une page Web d'un moteur de recherche. Vous pouvez afficher les résultats d'une recherche dans un onglet séparé, puis ouvrir les résultats dans d'autres onglets pour comparer rapidement des sites. Vous pouvez même personnaliser votre recherche en définissant votre moteur de recherche favori comme moteur par défaut.

Pour faire une recherche rapide dans la zone de recherche.

Tapez votre ou vos termes (mots clés) dans la zone de recherche (voir exemple ci-dessus) et appuyez sur la **Loupe**.

Pour accéder à vos résultats de recherche plus rapidement, appuyez sur la touche **Alt** en la maintenant enfoncée et appuyez sur la touche **Entrée**. Vous n'aurez pas besoin d'appuyer sur la loupe.

Le navigateur affiche les résultats dans un nouvel onglet. Ainsi, vous ne perdez pas le site que vous êtes en train de consulter (voir l'exemple ci-dessous). Le navigateur utilise le moteur de recherche que vous avez défini par défaut.

La combinaison de plusieurs moteurs de recherche

Vous pouvez choisir le moteur de recherche utilisé par défaut, et comparer ses résultats avec ceux d'autres moteurs de recherche dans la liste en appuyant sur la flèche située après la loupe.

Ajouter des fournisseurs à la boîte instantanée de recherche
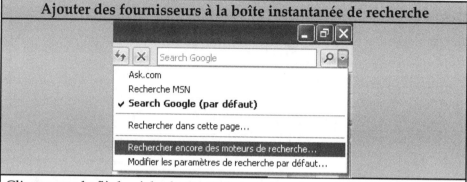
Cliquez sur la flèche, à la droite de la loupe en haut, et sélectionnez **Rechercher encore des moteurs de recherche**.
Cliquez sur un fournisseur dans la lise de la zone de recherche (par exemple, **Yahoo**).
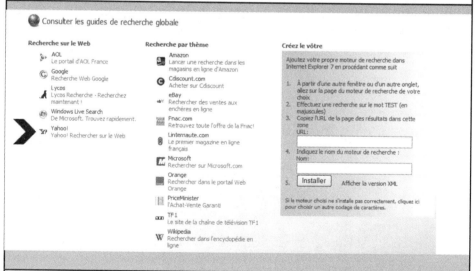
Une fenêtre de dialogue apparaîtra pour vous demander de confirmer le choix que vous venez de faire.

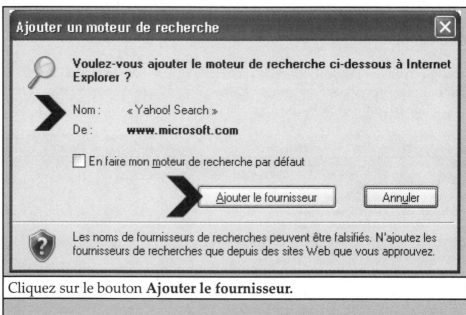

Cliquez sur le bouton **Ajouter le fournisseur.**

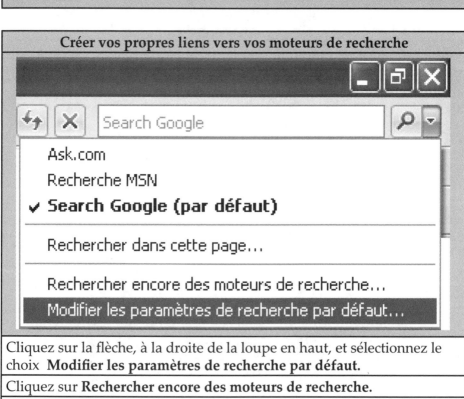

Cliquez sur la flèche, à la droite de la loupe en haut, et sélectionnez le choix **Modifier les paramètres de recherche par défaut.**

Cliquez sur **Rechercher encore des moteurs de recherche.**

Une page WEB s'affiche, et on vous demande d'inscrire le site de recherche désiré.

Dans la partie droite de la fenêtre, inscrivez les informations demandées.

Créez le vôtre

Ajoutez votre propre moteur de recherche dans Internet Explorer 7 en procédant comme suit

1. À partir d'une autre fenêtre ou d'un autre onglet, allez sur la page du moteur de recherche de votre choix
2. Effectuez une recherche sur le mot TEST (en majuscules)
3. Copiez l'URL de la page des résultats dans cette zone
   URL:

   http://www.toile.com/TEST **◄**

4. Indiquez le nom du moteur de recherche :
   Nom:

   Toile| **◄**

5. Installer **◄** Afficher la version XML

Si le moteur choisi ne s'installe pas correctement, cliquez ici pour choisir un autre codage de caractères.

Au **point 3**, copiez/collez (de préférence) l'adresse (**URL**) du site que vous désirez ajouter à la liste.

Il est très **IMPORTANT** d'ajouter le mot **TEST** (toutes les lettres en majuscules) à la fin de l'adresse.

Au **point 4,** inscrivez le nom du site comme vous désirez le voir inscrit dans la liste.

Pour terminer, appuyez sur le bouton **Installer**.

Installer le moteur de recherche favori par défaut
Cliquez sur la flèche située à la droite de la loupe en haut, et sélectionnez le choix **Modifier les paramètres de recherche par défaut.**
Sélectionnez **Moteur de recherche** (cliquez sur le nom) pour le mettre en **surbrillance**.
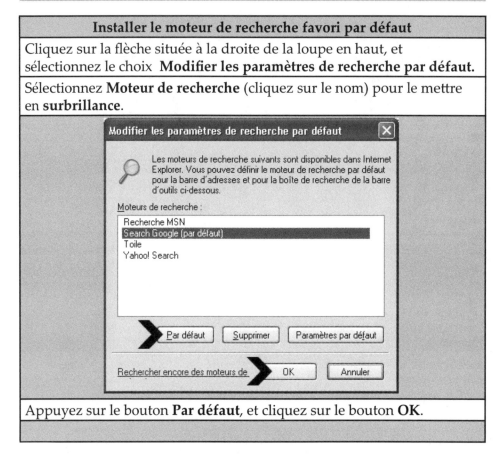
Appuyez sur le bouton **Par défaut**, et cliquez sur le bouton **OK**.

La recherche sur Internet / Notions de base

Maîtriser les techniques de recherche d'informations complexes sur Internet augmente vos chances de trouver ce que vous souhaitez. Les moteurs de recherche permettent de définir des critères de recherche spécifiques à chacun d'entre eux.

Indiquer des majuscules et des minuscules

Si un mot clé est en majuscules, le moteur de recherche n'extrait que les documents contenant ce mot en majuscules. Par exemple, si vous désirez des informations concernant la Chine, la saisie de ce mot en majuscules dans un moteur de recherche qui les reconnaît élimine de la recherche les données relatives à la «vaisselle de Chine». Il est préférable de laisser les mots clés en minuscules afin de permettre au moteur de recherche d'extraire les documents contenant ces mots clés en minuscules et en majusculess.

Recherche de phrases

Si vous faites une recherche à partir d'une suite de mots, vous pouvez placer ces derniers entre guillemets. Le moteur de recherche n'extrait alors que les documents contenant tous ces mots dans l'ordre indiqué, comme une expression ou un titre.

Troncature

Si vous recherchez des sites sur le jardinage, par exemple, vous pouvez utiliser ce terme comme mot clé. Pour avoir encore plus de résultats lors de votre recherche, il est possible de conserver la racine du mot et de lui ajouter un astérisque (jardin*). Le moteur de recherche extrait tous les documents contenant les mots jardin, jardinage, jardinier, jardinet, etc.

Logique booléenne

Ces fonctionnalités sont des plus utiles à la définition des critères de recherche; les opérateurs booléens vous permettent de gérer de façon optimale la logique du moteur de recherche. Les opérateurs AND, OR, NOT, NEAR (ils s'écrivent en majuscules) et les parenthèses s'apparentent aux opérateurs mathématiques par leur façon d'organiser une équation complexe. Faites les exemples de recherche mentionnés ci-dessous pour chacun des opérateurs dans Google, et comparez les résultats de recherche.

AND

Si vous cherchez un document devant contenir deux mots clés, séparez ces derniers par le terme AND en majuscules. Le moteur de recherche ne vous présentera que les documents contenant les deux mots. Par exemple : hôtel AND mer.

OR

Pour élargir votre recherche aux documents contenant l'un ou l'autre des mots clés, utilisez l'opérateur OR pour séparer ces deux mots. Il est très utile lors de la recherche de termes susceptibles d'apparaître sous une forme synonymique dans un document. Par exemple : hôtel OR mer.

NEAR

Cet opérateur est une forme plus précise de l'opérateur AND. Il garantit que dans le document, les deux termes se suivent. Dans des documents volumineux, l'opérateur AND n'est pas assez efficace, car les deux mots clés peuvent figurer à distance l'un de l'autre, sans qu'il y ait de rapport entre eux. Généralement, on ajoute un chiffre après le NEAR (de 1 à 99). Par exemple, hôtel NEAR9 mer, le deuxième mot suivant le NEAR doit être à 9 mots ou moins du premier mot.

NOT

Cet opérateur se place devant un terme et permet d'éliminer de la recherche tous les documents qui le contiennent. Par exemple : hôtel NOT mer.

Parenthèses

Les opérateurs AND, NEAR, OR et NOT sont très efficaces; mais combinés aux parenthèses, ils permettent de gérer avec plus de finesse la logique du moteur de recherche.

Signes d'inclusion (+) et d'exclusion (-)

Certains moteurs de recherche comportent des variantes des opérateurs AND et NOT. Un symbole + placé immédiatement devant un nom signifie que les documents trouvés doivent contenir ce mot. Un symbole – placé immédiatement devant un mot exclut des résultats les documents comportant ce mot. Par exemple : hôtel -mer.

Fonction tri par date
(Voir Recherche avancée dans les moteurs de recherche)

Cette fonctionnalité permet de retracer des documents Web dont la date de création du site est réalisée. Ce n'est pas une date reliée à un repère historique quelconque. Il serait inutile de faire des recherches sur l'année 1907, par exemple, puisque aucune page Web n'a été créée en 1907.

Le Web n'existe dans sa forme actuelle que depuis 1991.

Sites intéressants

Catégorie : Moteurs de recherche

	**Nom :** Google **URL :** www.google.ca **Intérêt :** Assurément le meilleur moteur de recherche présentement sur le Web, pour sa simplicité, ses résultats appropriés et sa rapidité.
YAHOO!	**Nom :** Yahoo **URL :** www.yahoo.fr **Intérêt : Il existe depuis le début d'Internet.** Moteur de recherche de type annuaire. L'information inscrite dans sa base de données est vérifiée par une intervention humaine, donc le résultat est pertinent. Excellent moteur de recherche lorsque l'on cherche des informations dans la francophonie.
	**Nom :** Toile du Québec **URL :** www.toile.com **Intérêt :** Lorsque l'on cherche des sites Internet au Québec, il est assurément la référence, car tous ceux qui font des affaires sur le Web au Québec sont inscrits, a priori, sur ce moteur de recherche.
	**Nom :** ASK **URL :** www.ask.com **Intérêt :** Dans ce moteur de recherche, vous tapez une question plutôt que des mots clés. Vous pouvez même saisir votre question en français.

	**Nom : Recherche dans 2000 sites** **URL : www.beaucoup.com** **Intérêt :** Site où il est intéressant de chercher sur le Web par catégories. La particularité de ce site est qu'il vous offre la recherche dans plus de 2 000 catégories différentes.

Catégorie : Les gouvernements

	**Nom : Gouvernement du Canada** **URL : www.canada.ca** **Intérêt :** Le gouvernement du Canada est un des gouvernements qui possèdent le plus d'informations disponibles sur Internet.

	**Nom : Gouvernement du Québec** **URL : www.gouv.qc.ca** **Intérêt :** Le gouvernement du Québec est également très à l'avant-garde dans la diffusion d'informations sur Internet.

	**Nom : Ville de Montréal** **URL : www.ville.montreal.qc.ca** **Intérêt :** La ville de Montréal vous offre un accès à toutes les maisons de ses quartiers et aux informations comme les taxes, assemblées, etc.

Catégorie : Médias

	**Nom : TVA** **URL : www.tva.canoe.com** **Intérêt :** Site général de tous les programmes et services du télédiffuseur.

	**Nom :** Radio-Canada **URL :** www. radiocanada.ca **Intérêt :** Site général de tous les programmes et services du télédiffuseur, mais également site d'informations générales sur le monde. La rubrique Jeunesse est particulièrement intéressante pour ceux qui ont des enfants, car elle contient beaucoup de jeux interactifs. De plus, la section Archives vous permettra de visionner des documents visuels et audio historiques et de commander d'anciennes émissions de cette société d'État.

	Nom : Journal La Presse **URL : www.cyberpresse.ca** **Intérêt :** Le site journalistique par excellence à Montréal sur le Web. L'intérêt de ce site réside dans sa mise à jour continuelle.

Catégorie : Services

	**Nom : Société des transports de Montréal** **URL : www.stm.info** **Intérêt :** Dans la rubrique *Tous azimuts* de ce site, le calculateur de trajet vous donne des résultats précis pour vos déplacements en métro et en autobus. Un peu ardu à utiliser, mais le résultat en vaut la peine.

Nom : Caméras du ministère des Transports du Québec
URL : http://www.mtq.gouv.qc.ca/ fr/information/cameras/index.asp
Intérêt : Les caméras de circulation du ministère des Transports du Québec.

Nom : Météo Média
URL : www.meteomedia.com
Intérêt : Pour connaître les conditions météorologiques de votre quartier.

Nom : Loto Québec
URL : www.lotoquebec.com
Intérêt : Ne serait-ce que pour consulter les résultats des loteries en direct et connaître les événements que finance la société d'État.

Nom : Postes Canada
URL : www.postescanada.ca
Intérêt : Pour trouver un bureau de poste et connaître ses heures d'ouverture, repérer un colis et le suivre jusqu'à sa livraison.

Nom : Canada 411
URL : www.canada411.ca
Intérêt : Service Web pour trouver une adresse avec le numéro de téléphone ou trouver un numéro de téléphone avec un nom et une adresse.

	**Nom :** **Carte et itinéraire** **URL :** **www.maporama.com** **Intérêt :** Service Web qui vous donne la carte du quartier. Si vous donnez une adresse de départ et une adresse de destination, il vous donne votre itinéraire, étape par étape.

Catégorie : Divertissements

	**Nom :** **Musée du Louvre à Paris** **URL :** **www.louvre.fr** **Intérêt :** Pour voir les salles du Louvre comme si vous y étiez, en visite virtuelle.

	**Nom :** **Réseau admission** **URL :** **www.admission.com** **Intérêt :** Pour acheter vos billets de spectacles en direct et voir le siège où vous serez assis.

	**Nom :** **Téléachat Sears Canada** **URL :** **www.sears.ca** **Intérêt : Excellent site de téléacha**t. La rubrique Centre d'aubaines, qui est une rubrique de liquidation, doit être visitée régulièrement pour ses spéciaux très avantageux.

	**Nom :** **Téléachat pour les meilleurs prix en informatique dans la région de Montréal** **URL :** **www.meilleursprix.com** **Intérêt :** Site Web qui vous offre les meilleurs prix de matériel informatique à Montréal.

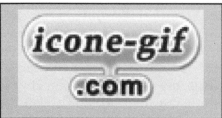

Nom : **Images animées pour vos messages ou dans vos présentations PowerPoint.**
URL : **www.icone-gif.com**
Intérêt : Un site qui vous offre plus de 70 000 images animées.

Nom : **Vérification des canulars dans Internet.**
URL : **www.hoaxbuster.com**
Intérêt : Ressource francophone sur les canulars du Web. Ce site nous propose de rétablir la vérité et de lutter contre ces mensonges électroniques.

Nom : **Cinémas**
URL : **www.cinemasmontreal.com**
Intérêt : Pour faire une recherche par salle ou par titre de film pour vos sorties au cinéma, et même y voir des bandes annonces des films à l'affiche.

Nom : **Restaurants**
URL : **www.restaurant.ca**
Intérêt : Pour dénicher les restos du quartier, la spécialité d'une région ou les passions d'un chef au Canada.

Nom : **Tourisme Québec**
URL : **www.bonjourquebec.com**
Intérêt : Site touristique par excellence développé par le gouvernement du Québec.

Télécharger

Le téléchargement de fichiers se résume à un simple clic de la souris. En général, le téléchargement fait référence à la méthode par laquelle vous accédez aux informations numériques d'un ordinateur distant. Aujourd'hui, presque tout ce que vous faites sur le Web est une forme de téléchargement.

Lorsque vous accédez à une page Web, vous téléchargez le texte de la page et tous les graphiques associés qui résident sur un serveur Web. Votre navigateur examine l'extension du fichier (les lettres qui figurent après le point dans le nom). S'il reconnaît ce type de fichier, il l'affiche. Sinon, il vous demande quel programme vous souhaitez utiliser pour ouvrir le fichier. Vous pouvez également enregistrer le fichier sur votre disque dur.

Pour télécharger les fichiers, vous pouvez également cliquer à l'aide du bouton droit de la souris sur le lien du fichier et sélectionner **Enregistrer la cible sous** dans le menu affiché. Dans la majorité des cas, les fichiers que vous téléchargez sont compressés. Il peut s'agir de fichiers individuels ou de groupes de fichiers qui ont été compressés en un seul fichier pour réduire le temps de téléchargement et l'espace disque nécessaire.

Si les fichiers que vous téléchargez ont été compressés, vous devez disposer d'un utilitaire pour les décompresser (par exemple : Winzip).

Ce n'est pas nécessaire avec les fichiers .sea (Macintosh) ou .exe (Windows), qui sont auto-extractibles. Ces fichiers ne requièrent pas de logiciel distinct pour s'exécuter.

Lorsque vous téléchargez des fichiers du Web, différents formats de fichiers électroniques peuvent se présenter à vous. Pour identifier le type de fichier, il suffit de regarder son extension, qui se compose généralement d'un point (.) suivi de 2 à 4 lettres (.xxx).

Les fichiers graphiques les plus courants				
.jpg	.gif	.jpeg	.tiff	
Les fichiers vidéo les plus courants				
.avi	.mpg	.mepg	.mpv	.qt
Les fichiers sons les plus courants				
.mp3	.aiff	.au	.wav	.ra
Les fichiers en texte seul les plus courants				
.html	.txt	.doc	.pdf	.ps

NOTE : Pour une définition détaillée des extensions des fichiers, voir page 14.

Créez un dossier que vous nommerez **Fichiers téléchargés** sur votre disque dur. Téléchargez le fichier compressé dans ce dossier vide et décompressez-le à cet endroit. Cela vous permet de garder une trace des fichiers libérés du fichier compressé. Vous ne pouvez savoir à l'avance combien de fichiers sont contenus dans un fichier compressé.

Chapitre 8

Le courrier électronique / Outlook Express

Présentation d'Outlook Express

Le programme Outlook Express est un des logiciels de messagerie les plus utilisés. Il est une version abrégée du programme Outlook de MS Office. Il est facile d'utilisation et est offert par la plupart des fournisseurs d'accès d'Internet. Nous explorerons dans ce chapitre certaines facettes de ce logiciel :

- Recevoir ou envoyer vos messages.
- Insérer une signature personnelle à vos messages.
- Afficher un papier à lettres personnalisé.
- Utiliser les outils de configuration pour la création des comptes d'utilisateurs.
- Enregistrer les coordonnées de vos correspondants dans un carnet d'adresses (Contacts).
- Inclure votre carte de visite.
- Créer des groupes de contacts.

Démarrer le logiciel Outlook Express

Sur le bureau...

Ouvrir Outlook Express
Cliquez deux fois sur l'icône intitulée **Outlook Express**.

Dans le menu Démarrer....

Ouvrir Outlook Express
Cliquez sur le bouton **démarrer** de la barre des tâches.
Cliquez sur **Tous les programmes**.
Cliquez sur l'icône **Outlook Express**.

Installer le programme de messagerie Outlook Express par défaut

Après l'ouverture d'Outlook Express, il se peut que le message suivant apparaisse : **Outlook Express n'est actuellement pas votre client de messagerie par défaut. Souhaitez-vous qu'il le devienne ?** Si vous le souhaitez, répondez **Oui**.
Par contre, si ce message ne s'affiche pas, procédez de la façon suivante pour définir Outlook Express comme programme de messagerie.

Activer Outlook Express par défaut
Dans la barre de menus, cliquez sur **Outils**.
Cliquez sur **Options**.

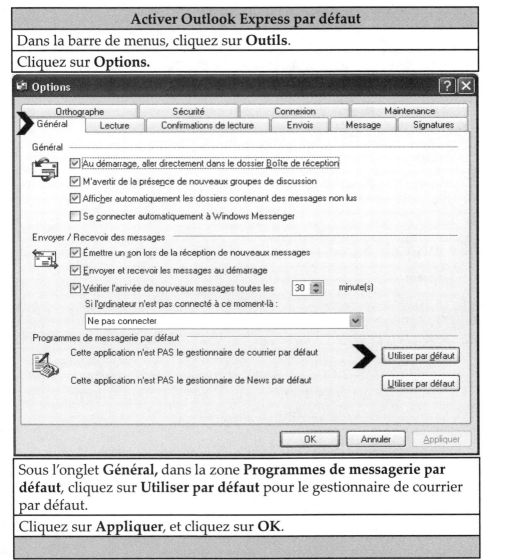

Sous l'onglet **Général**, dans la zone **Programmes de messagerie par défaut**, cliquez sur **Utiliser par défaut** pour le gestionnaire de courrier par défaut.
Cliquez sur **Appliquer**, et cliquez sur **OK**.

Personnaliser la fenêtre Outlook Express

Lors de l'ouverture d'Outlook Express, la fenêtre affichée par défaut est divisée en deux parties :

À gauche :　　La **Liste des dossiers** et/ou la **Barre Outlook**, représentée par des icônes.

À droite :　　Le **contenu de l'élément sélectionné** (liste des messages) de la liste des dossiers ou de la barre Outlook, nommée **la fenêtre principale**.

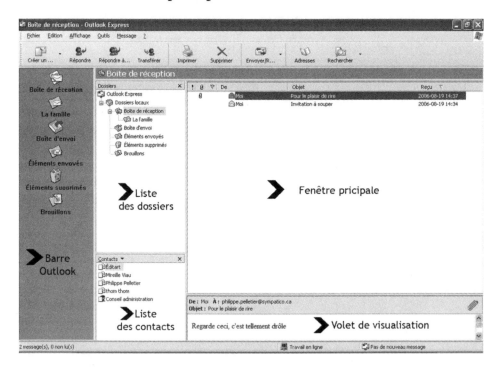

Outlook Express vous offre la possibilité de modifier la liste des dossiers, la barre d'état et les barres d'outils, la liste des contacts et la barre Outlook.

La **Liste des dossiers** possède la même structure que l'Explorateur Windows, c'est-à-dire avec des dossiers et des sous-dossiers. Lorsque vous cliquez sur le dossier principal (**Dossiers locaux,** le serveur de **News**, etc.), les sous-dossiers s'affichent dans la partie droite de la fenêtre d'Outlook Express. Lorsque vous cliquez sur le signe plus (+), tous les sous-dossiers s'affichent sous le dossier principal et le signe plus (+) devient un moins (-).

Afficher ou masquer les listes et les différentes barres
Dans la barre de menus, cliquez sur **Affichage**.
Cliquez sur **Disposition**.
Dans la zone **Options de base**, activez pour afficher les cases des options voulues ou désactiver pour les masquer.
Cliquez sur **Appliquer,** puis sur **OK**, pour fermer la fenêtre.

Afficher automatiquement la Boîte de réception lors du démarrage d'Outlook Express
Dans la **Liste des dossiers**, cliquez sur **Outlook Express**.
Dans la fenêtre principale, cochez la case **Au démarrage d'Outlook Express, ouvrir directement mon dossier Boîte de réception.**

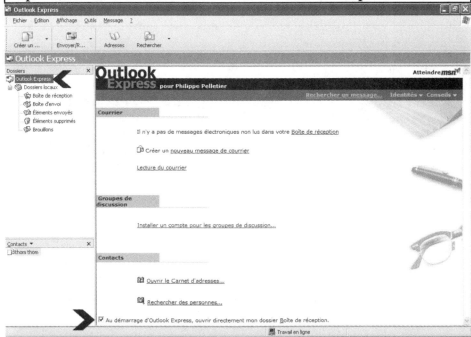

Cliquez sur **Boîte de réception,** dans la liste des dossiers, pour afficher vos messages.

Modifier la barre d'outils
à partir de la fenêtre Boîte de réception
Dans la barre de menus, cliquez sur **Affichage**.
Cliquez sur **Disposition**.
Cliquez sur **Personnaliser la barre d'outils**.
à partir de la fenêtre d'un message ouvert
Dans la barre de menus, cliquez sur **Affichage**.
Pointez sur **Barre d'outils**.
Cliquez sur **Personnaliser**.
suite de l'option choisie
Pour sélectionner la disposition de l'étiquette de texte, cliquez dans le menu déroulant de la case **Options de texte**.
Pour sélectionner la taille des icônes, cliquez dans le menu déroulant de la case **Options d'icône.**
Pour ajouter des boutons, sélectionnez le bouton dans la case **Boutons disponibles** et cliquez sur **Ajouter**.
Pour supprimer un bouton dans la barre, sélectionnez le bouton dans la case **Boutons de la barre d'outils** et cliquez sur **Supprimer**.

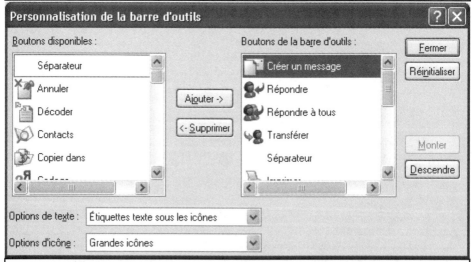

Pour modifier l'ordre d'affichage des boutons, sélectionnez le bouton dans la case **Boutons de la barre d'outils** et cliquez sur **Monter** ou **Descendre**.
Cliquez sur **Fermer, Appliquer** ou **OK** pour fermer toutes les fenêtres de dialogue.

Pour chacun des sous-dossiers (**Boîte de réception, Boîte d'envoi,** etc.) de la **Liste des dossiers,** vous pouvez modifier l'affichage des colonnes dans la liste des messages avec la barre de menus ou la souris.

Modifier l'affichage des colonnes
avec la barre de menus
Cliquez sur **Affichage.**
Cliquez sur **Colonnes.**
avec la souris
Cliquez avec le bouton droit de la souris dans la partie grise d'une colonne.
Cliquez sur **Colonnes.**
suite de l'option choisie
Pour ajouter une colonne, activez **la case** à gauche de l'élément voulu <u>ou</u> sélectionnez le nom de la colonne à ajouter et cliquez sur **Afficher.** La colonne s'ajoutera à la fin de la barre de colonnes.

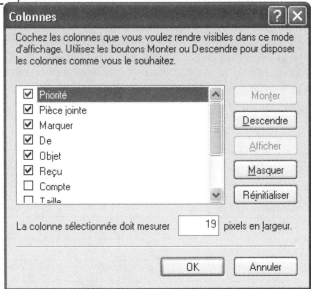

Pour modifier l'ordre d'affichage des colonnes, cliquez sur **le nom de l'élément** et non sur la case, cliquez sur **Monter** ou **Descendre.**
Pour supprimer une colonne dans la barre, désactivez la **case à cocher** <u>ou</u> sélectionnez le nom de la colonne à supprimer et cliquez sur **Masquer.**
Cliquez sur **OK** pour fermer la fenêtre de dialogue.

Trier l'affichage des messages avec l'en-tête des colonnes
Cliquez avec le bouton gauche de la souris sur l'en-tête de la colonne (par exemple : **De** ou **Objet** si vous êtes dans la **Boîte de réception**).

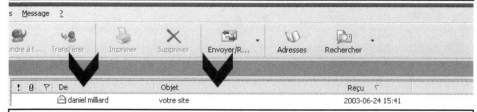

Les messages sont triés par ordre alphabétique pour les colonnes contenant des champs alphanumériques (par exemple : **De, Objet**) ou en ordre croissant pour les colonnes contenant des champs numériques (par exemple : **Reçu**).

NOTE : La procédure décrite dans le tableau ci-dessus est également valide pour le carnet d'adresses.

NOTE : La flèche dirigée vers le bas signifie que la colonne est triée en ordre décroissant.
La flèche dirigée vers le haut signifie que la colonne est triée en ordre croissant.
Pour changer l'ordre, croissant ou décroissant, cliquez une 2e fois sur l'en-tête de colonne.

Personnaliser l'affichage en cours
Dans la boîte de réception, cliquez sur **Affichage** de la barre de menus.
Pointez sur **Affichage en cours.**
Cliquez sur **Personnaliser l'affichage en cours**.
Sélectionnez les conditions d'affichage.
partie 1
Sélectionnez en cochant la case les actions à définir.
partie 2
Définissez vos besoins.
Cliquez sur **OK** pour fermer la boîte de dialogue.

Le Volet de visualisation

Lorsque vous recevez un message, vous pouvez consulter le contenu sans avoir à l'ouvrir, à l'aide du **Volet de visualisation**.

Afficher ou masquer le Volet de visualisation
Dans la barre de menus, cliquez sur **Affichage**.
Cliquez sur **Disposition**.
Dans la zone **Volet de visualisation**, choisissez les options, selon vos besoins.

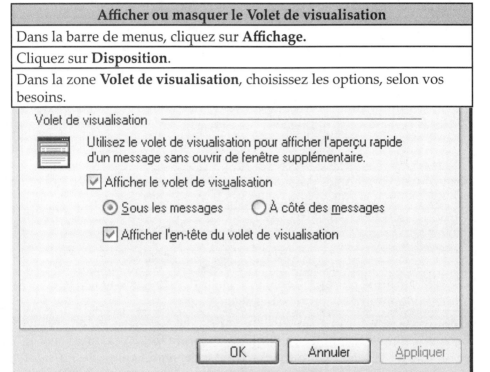

Cliquez sur **Appliquer** ou sur **OK** pour fermer la boîte de dialogue.
Pour **agrandir** ou **diminuer la fenêtre du volet**, pointez sur la bordure de la fenêtre jusqu'à ce qu'une flèche double apparaisse, et glissez vers le haut ou le bas, de droite à gauche selon l'emplacement du volet de visualisation.

Gestion du courrier électronique:
Lire, envoyer et supprimer des messages

Définition des dossiers
Boîte de réception : contient les messages que vous recevez.
Boîte d'envoi : contient les messages en attente d'envoi.
Éléments envoyés : contient tous les messages que vous avez envoyés. Dans ce sous-dossier, les messages demeureront présents tant qu'ils ne seront pas supprimés.
Éléments supprimés : contient tous les dossiers que vous éliminez de la **Boîte de réception** et de **Éléments envoyés**. Les dossiers resteront présents tant que vous ne supprimerez pas vos messages dans votre sous-dossier.
Brouillons : contient les dossiers que vous avez commencé à rédiger et qui seront envoyés ultérieurement.

Lire les messages
Cliquez sur **Boîte de réception** dans la liste des dossiers ou la barre Outlook pour afficher tous les messages reçus.
Double-cliquez sur le message dans la liste des messages pour l'afficher dans **une nouvelle fenêtre <u>ou</u> cliquez une seule fois** sur le message pour afficher le contenu dans votre **Volet de visualisation**, si celui-ci est activé.

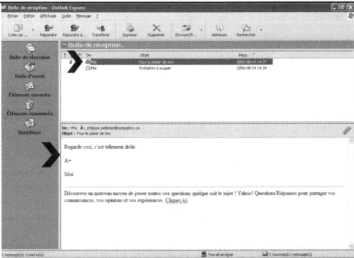

Définir l'affichage des messages à lire
1ʳᵉ option : si la barre d'affichage est présente
Cliquez sur le menu déroulant de la barre d'affichage.
Choisissez l'affichage souhaité.
2ᵉ option : si la barre d'affichage n'est pas affichée
Dans la barre de menus, cliquez sur **Affichage**.
Pointez sur **Affichage en cours**.
Sélectionnez l'affichage souhaité.

Définition des différents affichages
Afficher tous les messages Tous les messages nouveaux, anciens, lus et non lus sont affichés.
Masquer les messages lus Seuls les messages non lus sont affichés.
Masquer les messages lus ou ignorés Seuls les messages non lus ou les messages dont la commande **Ignorer la conversation** est activée sont affichés.
Grouper les messages par conversation Les messages sont groupés et affichés par objet de conversation.

NOTE : L'affichage que vous définissez reste en vigueur jusqu'à ce que vous le changiez.

Modifier la police d'affichage de tous les messages
Dans la **Boîte de réception,** cliquez sur **Outils** de la barre de menus.
Cliquez sur **Options**.
Dans l'onglet **Lecture,** dans la zone **Polices,** cliquez sur **Polices** et modifiez les paramètres selon vos besoins.

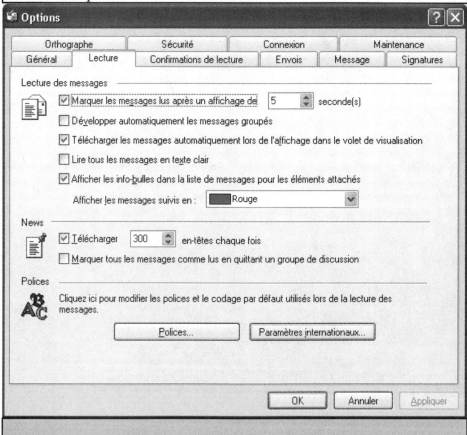

Mettre à jour les messages reçus
Dans la barre d'outils, cliquez sur **Envoyer/Recevoir,** _ou_ appuyez sur la touche **F5.**

Afficher les informations relatives à un message
1re option
Cliquez sur le message dans la liste des messages avec le bouton droit de la souris.
Cliquez sur **Propriétés**.
2e option
Sélectionnez le message avec le bouton gauche de la souris.
Cliquez sur **Fichier** de la barre de menus.
Cliquez sur **Propriétés**.

Envoyer un message
Cliquez sur l'icône **Créer un message** dans la barre d'outils.

Complétez les zones **À :** et **Cc :** en inscrivant l'adresse séparée par un point-virgule pour chacun des destinataires *ou* sélectionnez les noms avec le carnet d'adresses en cliquant sur **Outils** de la barre de menus et **Sélectionner les destinataires**, *ou* cliquez sur **À :** ou **Cc :** pour accéder à la boîte de dialogue **Sélectionner les destinataires**.

Saisissez le titre du message dans la zone **Objet**.

... suite à la page suivante

Tapez votre message dans le corps du texte.   Vous pouvez modifier la police de votre message à l'aide de la barre de mise en forme (par exemple : Gras, Italique, etc.).
Cliquez sur l'icône **Envoyer** de la barre d'outils.

NOTE: Pour ajouter le champ **Cci :** (copie invisible) lorsque vous ouvrez la fenêtre **Créer un message**, cliquez sur **Affichage** de la barre de menus et cliquez sur **Tous les en-têtes**.

Vous pouvez personnaliser vos messages en insérant une signature électronique et une image d'arrière-plan.

Insérer automatiquement une signature par défaut à tous les messages
Dans la **Boîte de réception**, cliquez sur **Outils**.
Cliquez sur **Options**.
Cliquez sur l'onglet **Signatures**.
Dans la zone **Signatures**, cliquez sur **Nouveau**.

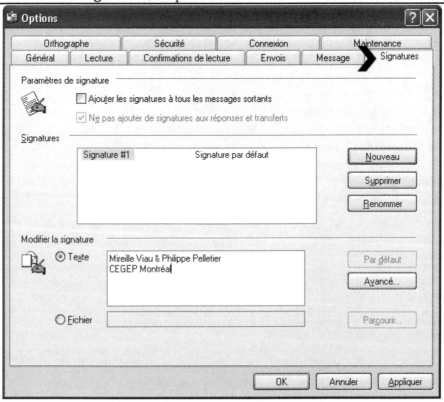

Outlook Express génère par défaut le nom de la signature : **Signature #1**. Vous pouvez modifier le nom de la signature en cliquant sur **Renommer**, et en tapant le nouveau nom.

Dans la zone **Modifier la signature**, cliquez sur le bouton **Texte** et saisissez le texte de votre signature dans la case prévue à cette fin. Pour copier une signature déjà créée, cliquez sur le bouton **Fichier**, cliquez sur **Parcourir** et sélectionnez le fichier voulu.

Dans la zone **Paramètres de signature**, cochez la case **Ajouter les signatures à tous les messages sortants** et activez ou désactivez la case **Ne pas ajouter de signatures aux réponses et transferts** si souhaité.

Cliquez sur **Appliquer,** puis sur **OK**, pour fermer la fenêtre.

NOTE : Vous pouvez créer plusieurs signatures (par exemple : une pour les amis(es) et une autre plus conventionnelle pour le bureau). Lors de l'envoi d'un nouveau message, vous n'aurez qu'à choisir celle qui vous convient.

Vous pouvez désigner également une signature par défaut. Sélectionnez la signature dans la zone **Signatures** et cliquez sur **Par défaut** dans la zone **Modifier la signature.**

Choisir une signature dans un message individuel
1re étape (à exécuter une seule fois)
Dans la **Boîte de réception**, cliquez sur **Outils** dans la barre de menus.
Cliquez sur **Options**.
Sous l'onglet **Signatures,** dans la zone **Paramètres de signature**, la case **Ajouter les signatures à tous les messages sortants** doit être désactivée.
Cliquez sur **Appliquer,** puis sur **OK**, pour fermer la fenêtre.
2e étape
Ouvrez un nouveau message.
Cliquez dans le corps du texte.
Cliquez sur **Insertion.**
Pointez sur **Signatures**, choisissez la signature.

... démonstration à la page suivante

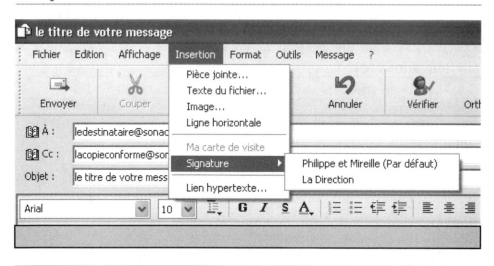

Insérer un papier à lettres à tous vos messages envoyés
Dans la **Boîte de réception**, cliquez sur **Outils**.
Cliquez sur **Options**.
Sous l'onglet **Message**, dans la zone **Papier à lettres**, cochez la case **Courrier**.
Cliquez sur **Sélectionner** et choisissez le papier à lettres souhaité.

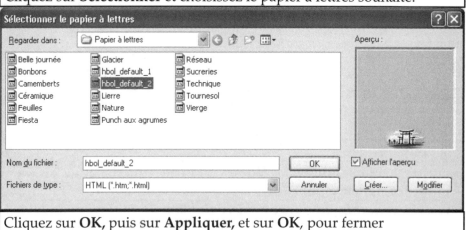

Cliquez sur **OK**, puis sur **Appliquer**, et sur **OK**, pour fermer toutes les fenêtres.

Insérer un papier à lettres à un message individuel
Dans la **Boîte de réception**, ouvrez un nouveau message.
Cliquez sur **Message** dans la barre de menus.
Pointez sur **Nouveau avec**.

Choisissez le papier à lettres souhaité.

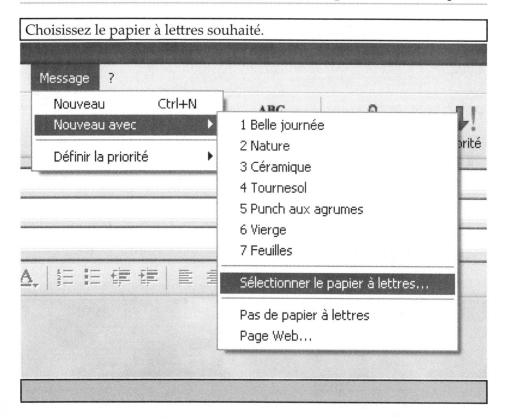

Modifier le papier à lettres d'un message déjà commencé
Dans votre message, cliquez sur **Format** dans la barre de menus.
Pointez sur **Appliquer le papier à lettres.**
Choisissez le papier à lettres souhaité.

NOTE : Lors de l'insertion d'un papier à lettres, assurez-vous que la mise en forme HTML est activée:

- Ouvrez un nouveau message.
- Cliquez sur **Format** dans la barre de menus.
- Cliquez sur **Texte enrichi (HTML).**
- Un point noir s'affiche à côté de la commande.

Lorsque vous avez complété un message, Outlook Express vous donne la possibilité de vérifier l'orthographe avant de l'envoyer à son destinataire. Seuls les programmes Word, Excel et PowerPoint offrent le vérificateur d'orthographe.

Vérifier l'orthographe dans un message
Complétez les champs de la fenêtre **Nouveau message**.
1re option
Cliquez sur l'icône **Orthographe** de la barre d'outils.
2e option
Cliquez sur **Outils** de la barre de menus, puis sur **Orthographe**.
suite de l'option choisie
Une boîte de dialogue vous affiche les suggestions de corrections s'il y a lieu.

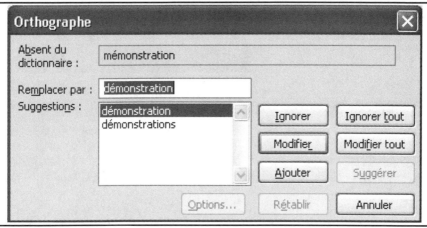

La **boîte de dialogue Orthographe** s'affiche lorsque la vérification orthographique est terminée.
Cliquez sur l'icône **Envoyer** de la barre d'outils.

Personnaliser le vérificateur d'orthographe
Dans la **Boîte de réception**, cliquez sur **Outils** de la barre de menus.
Cliquez sur **Options**.
Dans l'onglet **Orthographe**, modifiez les paramètres selon vos besoins.

Le dossier **Brouillons** vous permet d'enregistrer un message que vous avez commencé à rédiger et que vous voulez terminer ultérieurement. Pour envoyer un message à partir du dossier **Brouillons**, vous n'avez qu'à l'ouvrir, le compléter et à cliquer sur l'icône **Envoyer** dans la barre d'outils.

Créer un message dans le dossier Brouillons
Cliquez sur l'icône **Écrire un message** dans la barre d'outils.
Complétez les zones **À :** et **Cc :** en inscrivant l'adresse, séparée par un point-virgule, de chacun des destinataires *ou* sélectionnez les noms avec le carnet d'adresses en cliquant sur **Outils** de la barre de menus et **Carnet d'adresses,** *ou* cliquez sur l'icône située à gauche de **À :** ou **Cc :**.
Saisissez le titre du message dans la zone **Objet**.
Tapez votre message.
1ʳᵉ option
Cliquez sur **Fichier** de la barre de menus.
Cliquez sur **Enregistrer**.
Une fenêtre apparaîtra vous indiquant que votre message a été enregistré dans **Brouillons**.
Cliquez sur **OK** et fermez la fenêtre de votre message.

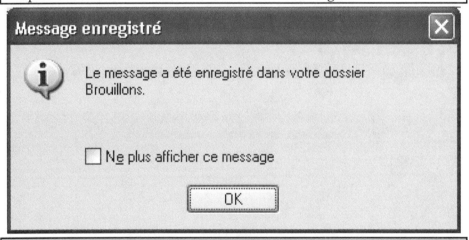

2ᵉ option
Cliquez sur l'icône de fermeture (**X**) située complètement à droite de la barre de titre.
Répondez **Oui** au message **Voulez-vous enregistrer les modifications de ce message ?**
Une fenêtre s'affichera pour confirmer votre enregistrement.
Cliquez sur **OK**.

Transférer un message
Sélectionnez le message à transférer dans la liste des messages.
Cliquez sur l'icône **Transférer** de la barre d'outils.
Complétez les zones **À :** et **Cc :** en inscrivant l'adresse, séparée par un point-virgule, de chacun des destinataires _ou_ sélectionnez les noms avec le carnet d'adresses en cliquant sur **Outils** de la barre de menus et **Carnet d'adresses,** _ou_ cliquez sur l'icône située à gauche de **À :** ou **Cc :**.
Tapez votre message.
Cliquez sur l'icône **Envoyer**.

Supprimer un message
1re option
Cliquez sur le message dans la liste des messages avec le bouton droit de la souris.
Cliquez sur **Supprimer**.
2e option

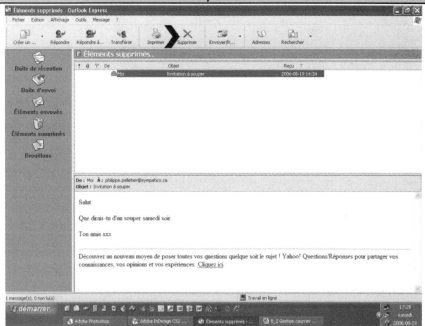

Sélectionnez le message avec le bouton gauche de la souris.
Cliquez sur l'icône **X** de la barre d'outils.

Restaurer un message supprimé
Cliquez sur le sous-dossier **Éléments supprimés**.
1re option
Dans la **Liste des éléments supprimés**, cliquez sur le message à déplacer avec le bouton gauche de la souris, que vous maintenez enfoncé.
Faites glisser le message vers le dossier souhaité.
Relâchez la souris.
2e option
Sélectionnez le message à déplacer dans la **Liste des éléments supprimés**.
Cliquez sur **Édition** de la barre de menus.
Cliquez sur **Déplacer vers un dossier**.
Sélectionnez le nouveau dossier.
Cliquez sur **OK** pour fermer la fenêtre.
3e option
Dans la **Liste des éléments supprimés**, cliquez sur le message à déplacer avec le bouton droit de la souris.
Cliquez sur **Déplacer vers un dossier**.
Sélectionnez le nouveau dossier.
Cliquez sur **OK** pour fermer la fenêtre de dialogue.

Supprimer tous les dossiers des Éléments supprimés
Cliquez sur le sous-dossier **Éléments supprimés**.
1re option
Dans la barre de menus, cliquez sur **Édition**.
Cliquez sur **Vider le dossier Éléments supprimés**.
2e option
Cliquez sur un message dans la liste des messages.
Cliquez sur **Ctrl + A** *ou* **Édition** de la barre de menus, **Sélectionner tout**.
Cliquez sur l'icône **Supprimer** de la barre d'outils.

Supprimer automatiquement tous les dossiers des Éléments supprimés lors de la fermeture de votre ordinateur
Cliquez sur le sous-dossier **Éléments supprimés**.
Dans la barre d'outils, cliquez sur **Outils**.
Cliquez sur **Options**.
Sous l'onglet **Maintenance**, cliquez dans la case **Vider les messages du dossier Éléments supprimés en quittant**.

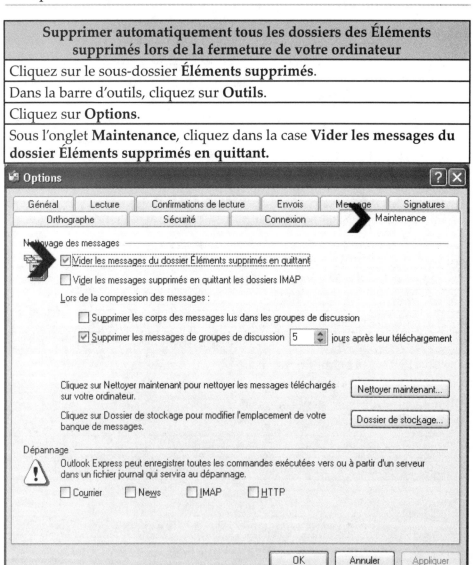

Lorsque vous recevez plusieurs messages, il est plus facile de repérer les messages d'un même sujet en les regroupant. Ainsi, vous pouvez suivre la chronologie des messages envoyés et reçus sous le message d'origine.

Regrouper les messages
Cliquez dans **Boîte de réception**.
Cliquez dans **Affichage** de la barre de menus.
Pointez sur **Affichage en cours**, et cliquez sur **Grouper les messages par conversation (Objet)**.

NOTE : Cette procédure est la même pour tous les éléments de la barre Outlook ou de la liste des dossiers.

Lorsqu'il y a plusieurs messages ayant le même sujet de conversation (même titre dans **Objet**), le **signe plus (+)** s'affiche à gauche du message d'origine. Pour afficher le **contenu d'un seul message d'origine**, cliquez sur le signe plus (+), qui deviendra un moins (-). Si vous voulez réafficher seulement le message d'origine, cliquez sur le **signe moins (-)**.

Si vous désirez afficher tous les contenus de tous les messages d'origine en une seule étape, suivez la procédure suivante:

Afficher tous les contenus des messages
Cliquez sur **Outils** dans la barre de menus.
Cliquez sur **Options**.
Cliquez sur l'onglet **Lecture**, dans la zone **Lecture des messages**, et cochez la case **Développer automatiquement les messages groupés**.

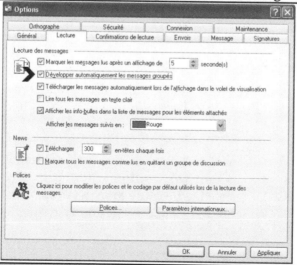

Les pièces jointes ou pièces attachées

Une pièce jointe est un fichier qui est attaché au message que vous recevez ou que vous voulez transmettre à votre destinataire. Les pièces jointes sont de type Word, Excel, PowerPoint. Vous pouvez également joindre à vos messages un lien hypertexte, un son, une image ou une carte de visite.

Lire une pièce jointe
1re option : dans le Volet de visualisation
Sélectionnez le message dans la liste des messages.
Cliquez sur l'icône en forme de **trombone** située à droite, dans l'en-tête du message.
Cliquez sur le **nom de la pièce jointe** dans le menu déroulant.

2e option : dans la fenêtre du message
Double-cliquez sur le message dans la liste des messages.
Double-cliquez sur l'icône de la pièce jointe dans l'en-tête du message.
Cliquez sur **Ouvrir**.

NOTE : Pour lire ou enregistrer une pièce jointe dans le **Volet de visualisation**, il faut absolument que l'en-tête du volet soit affiché :

- Cliquez sur **Affichage** dans la barre de menus.
- Cliquez sur **Disposition**.
- Dans la zone **Volet de visualisation**, activez la case **Afficher l'en-tête du volet de visualisation**.

Enregistrer une pièce jointe
1re option : dans le Volet de visualisation
Ouvrir le message dans la liste des messages.
Cliquez sur l'icône en forme de **trombone** située à droite, dans l'en-tête du message.
Cliquez sur **Enregistrer les pièces jointes** dans le menu déroulant.
2e option : dans la fenêtre du message
Double-cliquez sur le message dans la liste des messages.
Sélectionnez l'icône de la pièce jointe dans l'en-tête du message.
Cliquez sur **Fichier** dans la barre de menus.
Cliquez sur **Enregistrer les pièces jointes**.
suite de l'option choisie
Cliquez sur la case **Parcourir** pour choisir l'emplacement dans lequel vous voulez enregistrer votre pièce jointe.
Cliquez sur la case **Enregistrer**.
Fermez toutes les fenêtres.

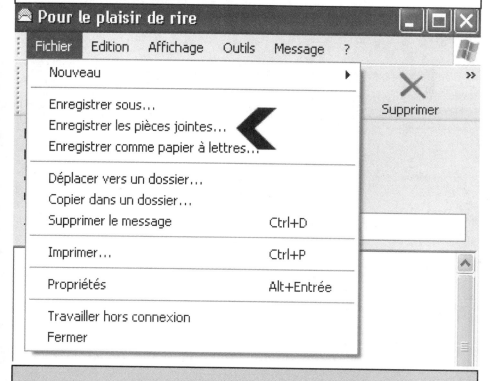

Insérer une pièce jointe dans un message
Ouvrez un nouveau message.
1re option
Cliquez sur **Insertion** dans la barre de menus.
Cliquez sur **Pièce jointe**.
2e option
Cliquez sur **l'icône en forme de trombone** dans la barre d'outils.

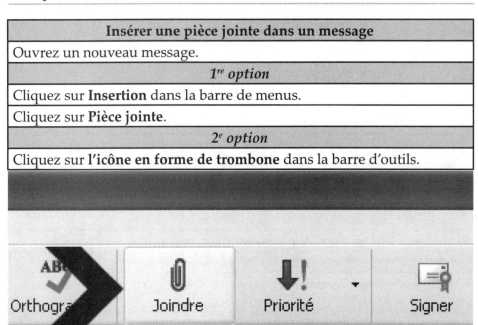

suite de l'option choisie
Sélectionnez le fichier à joindre dans la fenêtre **Insérer une pièce jointe**.

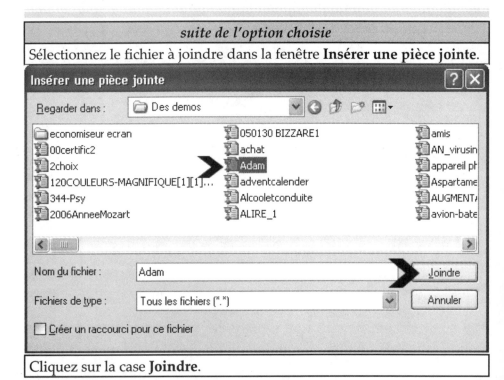

Cliquez sur la case **Joindre**.

Cliquez sur l'icône **Envoyer** de la barre d'outils.
Fermez toutes les fenêtres.

Insérer un lien hypertexte dans un message
Ouvrez un nouveau message.
Cliquez à l'endroit où vous voulez insérer le lien hypertexte dans le corps du texte.
Cliquez sur **Insertion** dans la barre de menus.
Cliquez sur **Lien hypertexte**.
Sélectionnez le **Type** de lien dans le menu déroulant.
Saisir l'adresse du lien dans la case **URL**.
Cliquez sur **OK** pour fermer la fenêtre.

Insérer une page HTML dans un message
Ouvrez un fichier **Word**.
Composez votre page avec du texte et des images.
À la fin, cliquez sur le menu **Fichier**, cliquez sur **enregistrez votre page en tant que page Web** et enregistrez-la à l'emplacement de votre choix.
Cliquez sur le menu **Fichier**, cliquez sur **Envoyer vers...** , et cliquez sur **Destinataire**.
Inscrivez le nom du destinataire dans le champ **À** :.
Cliquez sur le bouton **Envoyer une copie**.
Votre destinataire recevra alors un courrier électronique dont l'espace du message ressemblera à une page Internet.
Fermez toutes les fenêtres.

Insérer un son dans un message
Ouvrez un nouveau message.
Cliquez n'importe où dans le corps du texte.
Cliquez sur **Format** dans la barre de menus.
Pointez sur **Arrière-plan**.
Cliquez sur **Son**.
Saisissez le nom du fichier *ou* cliquez sur **Parcourir** pour sélectionner votre fichier.
Inscrivez vos **Paramètres de répétition**.
Cliquez sur **OK** pour fermer la fenêtre.
Saisissez le nom du destinataire et l'objet.
Envoyez votre message.

Insérer une image dans un message
Ouvrez un nouveau message.
Cliquez n'importe où dans le corps du texte.
Cliquez sur **Insertion** dans la barre de menus.
Cliquez sur **Image**.
Cliquez sur **Parcourir** pour sélectionner l'image.
Définissez l'**Espacement vertical et horizontal** de l'image, ainsi que la **Mise en forme.**
Saisissez le **Texte de légende** si vous le désirez.
Cliquez sur **OK** pour fermer la fenêtre.
Envoyez votre message.

NOTE : Lors de l'insertion d'un lien hypertexte, d'un son, d'une image ou d'une page HTLM, assurez-vous que la mise en forme HTML est activée:

- Ouvrez un nouveau message.
- Cliquez sur **Format** dans la barre de menus.
- Cliquez sur **Texte enrichi (HTML);** un point noir s'affiche à côté de la commande.

NOTE : Si les destinataires ne peuvent pas afficher les images que vous avez transmises :

- Dans la **Boîte de réception**, cliquez sur **Outils** dans la barre de menus.
- Cliquez sur **Options.**
- Sur l'onglet **Envois**, dans la zone **Format d'envoi du courrier**, cliquez sur **Paramètres HTML.**
- Cochez la case **Envoyer des images avec les messages.**
- Envoyez de nouveau votre message.

Création et suppression de sous- dossiers (l'arborescence de la liste des dossiers)

Pour chacun des sous-dossiers (**Boîte de réception, Boîte d'envoi,** etc.) de la liste des dossiers, vous pouvez créer des sous-dossiers pour emmagasiner vos courriels. Ainsi, vous libérez la fenêtre des messages reçus ou envoyés et vous vous facilitez la recherche d'un message au besoin.

Créer un sous-dossier
1re option
Dans la **Boîte de réception**, cliquez sur **Fichier** dans la barre de menus.
Pointez sur **Nouveau** et cliquez sur **Dossier.**
2e option
Cliquez avec le bouton droit de la souris sur **Boîte de réception** de la liste des dossiers.
Cliquez sur **Nouveau dossier.**
suite de l'option choisie
Saisissez le nom du dossier dans la case réservée à cette information.

Sélectionnez l'emplacement du dossier.

Cliquez sur **OK** pour fermer la fenêtre.

Supprimer un sous-dossier
1re option
Sélectionnez le sous-dossier à supprimer dans la liste des dossiers.
Cliquez sur le **X** de la barre d'outils.
2e option
Cliquez sur le sous-dossier à supprimer dans la liste des dossiers, avec le bouton droit de la souris.
Cliquez sur **Supprimer**.
Suite de l'option choisie
Répondez **Oui** au message **Voulez-vous vraiment supprimer le dossier et le déplacer dans le dossier Éléments supprimés ?**

Déplacer un message vers un sous-dossier
Cliquez sur le message à déplacer.
1re option
Avec le bouton gauche de la souris, que vous maintenez enfoncé, faites glisser le message vers le dossier souhaité.
Relâchez la souris.
2e option
Cliquez sur **Édition** dans la barre de menus.
Cliquez sur **Déplacer vers un dossier**.

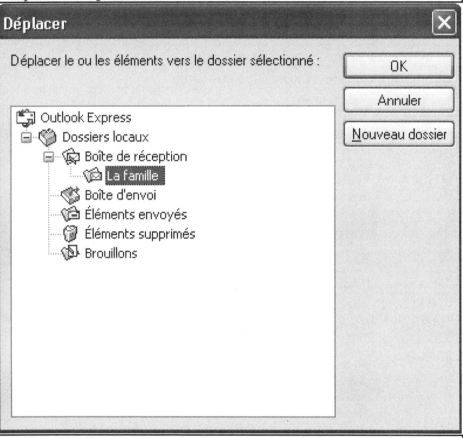

Sélectionnez le nouveau dossier.
Cliquez sur **OK** pour fermer la fenêtre.
3e option
Cliquez sur le message à déplacer avec le bouton droit de la souris.
Cliquez sur **Déplacer vers un dossier**.

| Sélectionnez le nouveau dossier. |
| Cliquez sur **OK** pour fermer la fenêtre de dialogue. |
| |

| **Renommer un sous-dossier** |
| Cliquez sur le sous-dossier à renommer. |
| *1re option* |
| Avec le bouton droit de la souris, cliquez sur **Renommer**. |
| Inscrivez le nouveau nom. |
| Cliquez sur **OK** pour fermer la fenêtre. |
| *2e option* |
| Cliquez sur **Fichier** dans la barre de menus. |
| Pointez sur **Dossier** et cliquez sur **Renommer**. |
| Inscrivez le nouveau nom. |
| Cliquez sur **OK** pour fermer la fenêtre. |
| |

NOTE :   Vous ne pouvez pas supprimer ou renommer les sous-dossiers de la **liste des dossiers** générés par Outlook Express : **Boîte de réception, Boîte d'envoi, Éléments envoyés, Éléments supprimés** et **Brouillons.**

| **Rechercher un message dans la liste des messages** |
| Cliquez sur **Édition** dans la barre des menus. |
| Pointez sur **Rechercher** et cliquez sur **Message**. |

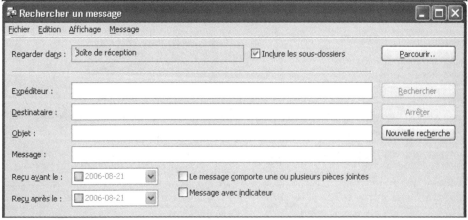

Dans la zone **Regarder dans**, sélectionnez le sous-dossier souhaité en cliquant sur **Parcourir**.
Complétez les autres champs selon les critères de votre recherche.
Cliquez sur **Rechercher**.
Tous les messages répondant à votre recherche s'afficheront dans une sous-fenêtre, à la suite de la fenêtre en cours.
Double-cliquez sur le message voulu pour le consulter.

Créer, modifier et supprimer un compte de messagerie

Outlook Express vous permet de créer de nouveaux comptes de messagerie de type Hotmail. Un **Assistant** vous guidera lors de la création de ces comptes. Vous devez au préalable connaître les données suivantes:

- le type de serveur de messagerie que vous utilisez (POP3, IMAP, HTTP)
- votre nom de compte
- votre mot de passe de compte
- le nom du serveur de messagerie entrant
- le nom du serveur de messagerie sortant.

Si vous n'avez pas ces informations, communiquez avec votre fournisseur de services Internet.

Créer un compte de messagerie
Cliquez sur **Outils** dans la barre de menus.
Cliquez sur **Comptes**.
Sous l'onglet **Courrier**, cliquez sur **Ajouter** et **Courrier**. La boîte de dialogue de l'Assistant Connexion Internet s'affichera.
Saisissez les informations dans chacune des boîtes de dialogue et cliquez sur **Suivant**.
Dans la dernière boîte de dialogue, cliquez sur **Terminer** pour enregistrer toutes les informations.
Cliquez sur **Fermer** dans la boîte de dialogue **Comptes Internet**.

Modifier un compte de messagerie
Cliquez sur **Outils** dans la barre de menus.
Cliquez sur **Comptes.**
Sous l'onglet **Courier**, sélectionnez le compte à modifier et cliquez sur **Propriétés**.

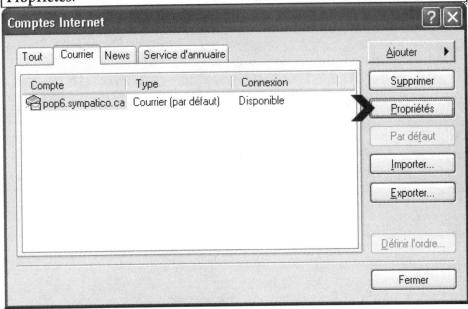

Dans chacun des onglets de la boîte de dialogue, saisissez les informations à corriger.
Cliquez sur **Appliquer,** sur **OK** et sur **Fermer**.

Supprimer un compte de messagerie
Cliquez sur **Outils** dans la barre de menus.
Cliquez sur **Comptes.**
Sous l'onglet **Courier**, sélectionnez le compte à supprimer et cliquez sur **Supprimer**.
Cliquez sur **Oui** au message **Voulez-vous vraiment supprimer le compte ?**
Cliquez sur **Fermer** dans la boîte de dialogue **Comptes Internet**.

Le Carnet d'adresses / Contacts

Le **Carnet d'adresses** vous permet **d'emmagasiner** toutes les informations pertinentes de vos contacts (adresses de messagerie, adresse personnelle, numéro de téléphone, etc.), de **donner accès** aux services d'annuaire Internet (recherche des noms et adresses des entreprises ou d'un particulier), de **créer** des groupes de contacts (envoi à plusieurs personnes simultanément), et **d'envoyer et recevoir** des cartes de visite.

Le **Carnet d'adresses** comprend **deux dossiers d'identité** par défaut : le dossier **Contacts Identité principale** et le dossier **Contacts partagés**. Vous ne pouvez supprimer aucun de ces deux dossiers. Dans chacun des deux dossiers d'identité, vous pouvez créer des sous-dossiers pour simplifier le classement et l'organisation de vos contacts.

Ouvrir, créer, modifier, supprimer et imprimer les contacts

Ouvrir le Carnet d'adresses
avec la barre d'outils
Cliquez sur l'icône **Carnet d'adresses**.
avec la barre de menus
Cliquez sur **Outils** et ensuite sur **Carnet d'adresses**.
dans une fenêtre d'un nouveau message
Cliquez sur **À :**, **Cc :** ou **Cci :**.

Ajouter un Contact
Ouvrez le **Carnet d'adresses** avec la barre de menus ou la barre d'outils.
Cliquez sur **Nouveau** dans la barre d'outils, puis sur **Nouveau contact**.

Saisissez toutes les informations selon vos besoins dans chacun des onglets.

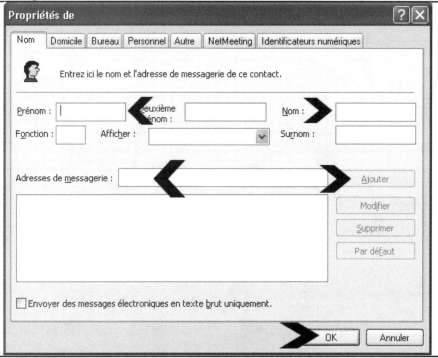

Cliquez sur **OK** pour enregistrer.

Fermez la boîte de dialogue de **Carnet d'adresses**.

NOTE :   Il faut absolument saisir un nom dans la boîte de dialogue **Propriétés de** pour enregistrer les coordonnées d'un nouveau contact. Dans l'onglet **Nom**, dans la zone **Adresse de messagerie**, vous pouvez créer plusieurs adresses pour la même personne en cliquant sur la case **Ajouter**.

Modifier les informations d'un contact
Ouvrez le **Carnet d'adresses**.
Cliquez deux fois sur le **contact à modifier**.
Dans chacun des onglets, modifiez les informations souhaitées.
Cliquez sur **OK** pour enregistrer les modifications.
Fermez la fenêtre **Carnet d'adresses**.

Supprimer un contact
Ouvrez le **Carnet d'adresses**.
Sélectionnez le **contact à supprimer**.
Cliquez sur **Supprimer** dans la barre d'outils.

Ajouter un contact à partir d'un message reçu
1re option
Dans la liste des messages de la **Boîte de réception**, cliquez avec le bouton droit de la souris sur le message.
Cliquez sur **Ajouter l'expéditeur au Carnet d'adresses**.
2e option
Ouvrez le message.
Dans la barre de menus, cliquez sur **Outils**.
Pointez sur **Ajouter au Carnet d'adresses**.
Sélectionnez l'utilisateur à ajouter.
3e option
Ouvrez le message.
Cliquez avec le bouton droit de la souris sur un nom.
Cliquez sur **Ajouter au Carnet d'adresses**.

⏏ **Pour le plaisir de rire**

Fichier   Edition   Affichage   Outils   Message   ?

Répondre   Répondre ...   Transférer   Imprimer   Supprimer   Précédent

De :   Moi
Date :   19 août, 2006 14:35
À :   philippe.pelletier@sympatico.ca
Objet :   Pour le plaisir de rire
Joindre :   344-Psy.pps (102 Ko)

Ajouter au Carnet d'adresses
Rechercher...

Copier

Propriétés

suite de l'option choisie
Inscrivez l'information sur le contact dans chacun des onglets.
Cliquez sur **OK** pour enregistrer les informations.

Lorsque vous recevez un message, Outlook Express vous permet d'ajouter automatiquement, dans votre Carnet d'adresses, tous les destinataires à qui vous envoyez une réponse.

Ajouter automatiquement un contact lors d'une réponse à un message
Dans la **Liste des dossiers**, cliquez sur **Boîte de réception**.
Dans la barre de menus, cliquez sur **Outils**.
Cliquez sur **Options**.

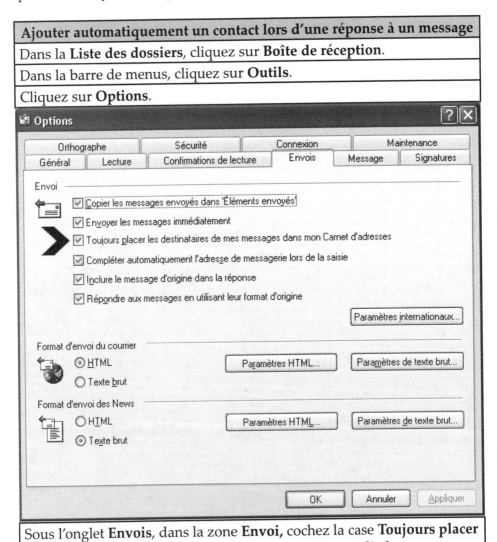

Sous l'onglet **Envois**, dans la zone **Envoi,** cochez la case **Toujours placer les destinataires de mes messages dans mon Carnet d'adresses.**

Cliquez sur **Appliquer,** puis sur **OK**, pour fermer la boîte de dialogue.

Imprimer un ou des contacts du Carnet d'adresses

Ouvrez votre **Carnet d'adresses**.

Sélectionnez les contacts à imprimer.

Dans la barre d'outils, cliquez sur l'icône **Imprimer.**

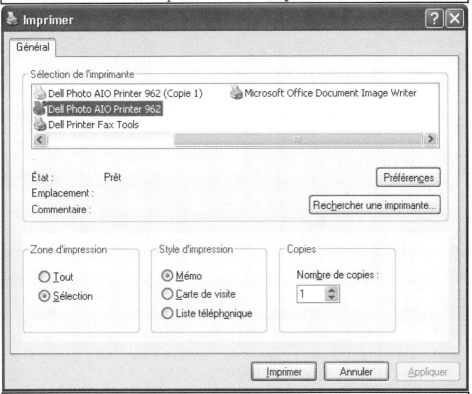

Dans la zone **Style d'impression** de la boîte de dialogue **Imprimer**, choisir un des trois styles proposés:

Mémo : imprime toutes les informations des contacts sélectionnés.

Carte de visite : imprime tous les renseignements professionnels des contacts sélectionnés.

Liste téléphonique : imprime une liste des numéros de téléphone des contacts sélectionnés.

NOTE :   Si vous voulez sélectionner une plage de contacts adjacents (qui se suivent) :

- cliquez sur le premier nom;
- appuyez sur la touche **Maj** de votre clavier, que vous maintenez enfoncée;
- cliquez sur le dernier nom à sélectionner.

Si vous voulez sélectionner une plage de contacts non adjacents :

- cliquez sur le premier nom;
- appuyez sur la touche **Ctrl** de votre clavier, que vous maintenez enfoncée;
- cliquez sur chacun des noms à sélectionner individuellement.

Le Groupe de contacts

Il est facile d'envoyer un message simultanément à plusieurs personnes par la création d'un **Groupe de contacts** dans le **Carnet d'adresses**. Le **Groupe de contacts** assemble plusieurs contacts sous un nom de groupe unique. Il suffit de saisir le nom du **Groupe de contacts** dans la zone **À :**, **Cc :** ou **Cci :** pour n'oublier personne.

Créer un Groupe de contacts
Ouvrez le **Carnet d'adresses**.
Dans la partie gauche de la boîte de dialogue, sélectionnez le dossier dans lequel vous voulez créer le groupe de contacts.
Dans la barre d'outils, cliquez sur **Nouveau**, et ensuite sur **Nouveau groupe**.
Sous l'onglet **Groupe**, dans la case **Nom du groupe**, saisissez le nom du groupe.
Ajoutez le nom d'un contact au Groupe de contacts
1re option
Pour insérer un contact à partir du **Carnet d'adresses** : • cliquez sur **Sélectionner les membres;** • cliquez sur un ou des noms dans la liste; • cliquez sur la case **Sélectionner.**

2ᵉ option
Pour insérer un contact au groupe sans l'ajouter au Carnet d'adresses : tapez le nom dans la case **Nom** et l'adresse de messagerie dans la case **Courrier électronique**, puis cliquez sur **Ajouter**.
3ᵉ option
Pour insérer un contact au groupe et également au Carnet d'adresses : cliquez sur **Nouveau contact**, complétez l'information sur le contact dans chacun des onglets et cliquez sur **OK**.
suite de l'option choisie
Procédez selon une des étapes précédentes pour tout ajout de contact, jusqu'à ce que le groupe soit complet.
Cliquez sur **OK** et fermez la boîte de dialogue **Carnet d'adresses**.

NOTE :   Le nom d'un contact peut être présent dans plusieurs groupes de contacts.

Pour afficher les **Groupes de contacts** et la liste des contacts du **Carnet d'adresses** séparément :

- cliquez sur **Affichage** dans la barre de menus;
- cliquez sur **Dossiers et groupes**.

Ajouter un contact dans un groupe existant
Ouvrez le **Carnet d'adresses**.
Double-cliquez sur le nom du groupe dans lequel vous voulez créer le contact.
Ajoutez le nom d'un contact au Groupe de contacts
1ʳᵉ option
Pour insérer un contact à partir du **Carnet d'adresses** : cliquez sur **Sélectionner les membres**, puis sur un nom dans la liste et sur la case **Sélectionner**.
2ᵉ option
Pour insérer un contact au groupe sans l'ajouter au Carnet d'adresses : tapez le nom dans la case **Nom** et l'adresse de messagerie dans la case **Courrier électronique**, puis cliquez sur **Ajouter**.

3ᵉ option
Pour insérer un contact au groupe et également au Carnet d'adresses : cliquez sur **Nouveau contact** et inscrivez l'information sur le contact dans chacun des onglets.
suite de l'option choisie
Procédez selon l'une des étapes précédentes pour tout ajout de contact, jusqu'à ce que le groupe soit complet.
Cliquez sur **OK** et fermer la boîte de dialogue **Carnet d'adresses.**

Supprimer un contact dans un groupe existant
Ouvrez le **Carnet d'adresses**.
1ᵉʳᵉ option
Dans le dossier **identité principale**, double-cliquez sur le nom du groupe dans lequel vous voulez supprimer le contact.
Dans la liste des membres, sélectionnez le nom du contact.
Cliquez sur **Supprimer**, sur **OK**, et fermez la boîte de dialogue **Carnet d'adresses.**
2ᵉ option
Dans le dossier **identité principale**, sélectionnez le contact à supprimer dans la partie droite de la boîte de dialogue, cliquez sur **X** (supprimer) dans la barre d'outils.

NOTE :   Le nom du contact est supprimé dans le groupe mais il est toujours présent dans la liste des contacts du **Carnet d'adresses.**

Supprimer un Groupe de contacts
Ouvrez le **Carnet d'adresses**.
Cliquez sur le nom du groupe à supprimer.
Dans la barre d'outils, cliquez sur l'icône **X** (supprimer). Répondez **Oui** au message affiché.
Fermez la boîte de dialogue **Carnet d'adresses.**

NOTE :   Les noms des contacts sont toujours présents dans la liste des contacts du **Carnet d'adresses.**

Partager des contacts ou un Groupe de contacts
Dans le **Carnet d'adresses,** dans la barre de menus, cliquez sur **Affichage** et cliquez ensuite sur **Dossiers et groupes.**
Dans la partie droite de la fenêtre **Carnet d'adresses**, cliquez avec le bouton gauche de votre souris sur le contact que voulez partager; maintenez le bouton enfoncé et glissez vers le dossier **Contacts partagés** ou vers un **sous-dossier.**

Particularités lors du déplacement d'un contact ou d'un Groupe de contacts
Lorsque vous déplacez un contact vers un **dossier**, il n'existe plus dans son dossier d'origine. Pour qu'il existe aux deux emplacements, vous devez **copier** le contact ou le groupe de contacts.
ATTENTION: Si vous faites des modifications dans un des dossiers, les modifications ne se reflèteront pas dans le 2e dossier.
Lorsque vous déplacez un contact vers un **groupe**, le contact sera ajouté, c'est-à-dire qu'il existera aux deux endroits, soit dans son dossier d'origine et dans le nouveau groupe.
Les sous-dossiers créés dans les dossiers d'identité (**Contacts partagés** et **Contacts Identité principale)** ne peuvent être déplacés d'un dossier à l'autre.

NOTE :   Pour créer, renommer ou supprimer des sous-dossiers dans le **Carnet d'adresses,** se référer au chapitre Création et suppression de sous-dossiers (l'arborescence de la liste des dossiers).

La carte de visite ou vCard

La carte de visite, appelée vCard, est une manière pratique de vous présenter puisqu'elle contient toutes vos coordonnées. La vCard peut être jointe automatiquement à tous les messages que vous envoyez. Toutes les informations que contient votre vCard doivent au préalable être créées dans votre carnet d'adresses.

Activer ou insérer automatiquement votre vCard dans les messages envoyés
Dans la **Boîte de réception,** cliquez sur le menu **Outils**
Cliquez sur le menu **Options**.
Dans l'onglet **Message**, dans la zone **Cartes de visites**, cochez **Courrier**.

Cliquez sur le menu déroulant de la liste et sélectionnez la fiche désirée.
Appuyez sur **OK**.

NOTE : Vous pouvez modifier une vCard en cliquant sur **Modifier** dans la zone **Cartes de visite** de la boîte de dialogue **Options**.

Chapitre 9

Hotmail et MSN

Présentation du courriel Hotmail

Hotmail est le courrier électronique gratuit le plus utilisé de nos jours. Ce courriel se situe directement sur Internet, et ce, à même un site Web. L'accès au service est gratuit en échange de publicité que vous recevrez dans votre courrier. Vous devez posséder une connexion Internet avec un fournisseur et un navigateur (par exemple : Internet Explorer ou Netscape). Vous pouvez accéder à vos courriels à partir de n'importe quel ordinateur qui a accès à Internet. Vous devez dans un premier temps vous inscrire sur le Courrier Web pour obtenir une adresse de courrier électronique.

En plus de fournir une adresse de courrier électronique, Hotmail offre plusieurs services :

- les bulletins d'informations;
- la possibilité d'intégrer Hotmail à Outlook;
- la consultation de l'annuaire pour rechercher d'autres utilisateurs de Hotmail.

Création d'une adresse de courrier électronique dans Hotmail
Ouvrez votre navigateur Internet (par exemple : Internet Explorer).
Tapez l'adresse suivante : **www.hotmail.com** dans la barre d'adresses.
Dans la zone **Exprimez-vous !** se trouvant dans la partie gauche de la fenêtre **msn Hotmail,** cliquez sur **Inscription.**

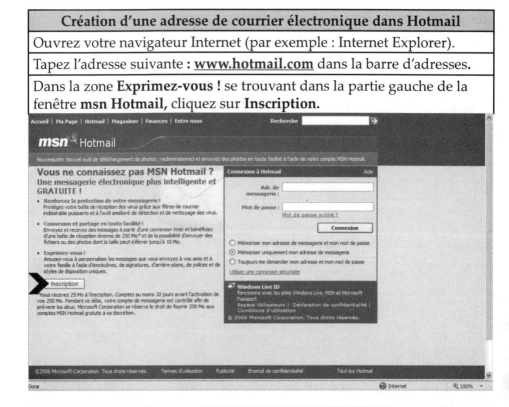

Dans la fenêtre **msn**, dans la colonne **Gratuit,** cliquez sur la case **Gratuit.**

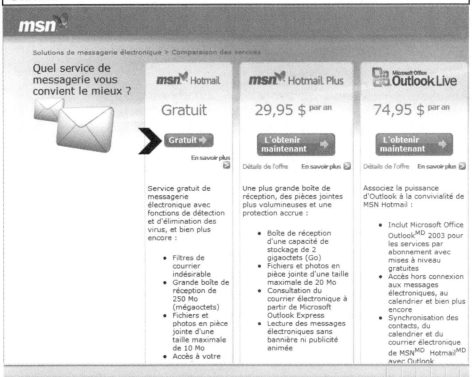

Complétez le formulaire d'inscription : consultez la description des champs à la page suivante.

Lisez les conditions du contrat de Microsoft.
Cliquez sur **Accepter** ou **Annuler,** selon votre choix.

Si vous avez accepté, une fenêtre apparaîtra à l'écran pour confirmer votre inscription.
Effectuez les étapes suivantes pour compléter votre inscription.

Laissez les cases **MSN Messenger** et **Page d'accueil MSN** activées.

Cliquez sur **Continuer.**

Un message pour la **Page de démarrage** peut s'afficher si celle-ci est différente de celle définie par défaut.
Répondez **Oui** ou **Non** selon votre choix. La fenêtre de **Connexion à Microsoft Network Signup Service** s'affiche :
- Entrez votre **Adr. de messagerie: Mireille_Philippe@hotmail.com**
- Entrez votre **Mot de passe.**

Cliquez sur **Connexion.**

La fenêtre **Installer ces fonctionnalités de MSN** s'affiche. Cliquez sur **Accéder à Hotmail.**
Dans la nouvelle fenêtre, activez les cases des offres spéciales que vous voulez recevoir automatiquement dans votre **Boîte de réception.** Cliquez sur **Continuer.**
Cliquez sur l'onglet **Courrier.**
Un message de **Bienvenue sur MSN Hotmail !** est enregistré dans votre **Boîte de réception.**

NOTE :   Vous devez utiliser votre compte Hotmail dans les dix jours suivants, et ensuite au moins une fois par mois (période de 30 jours) pour conserver votre compte actif.

Lorsque vous avez terminé, il est **TRÈS IMPORTANT** de vous déconnecter en cliquant sur le bouton **Déconnexion.**

NOTE :   En raison d'une mise à jour régulière du programme Hotmail, il se peut que la procédure décrite ci-dessus soit quelque peu différente de celle qui est affichée à l'écran.

Description des champs du formulaire d'inscription	
Pays/région :	Canada.
Adresse de messagerie :	**Mireille_Philippe@hotmail.com**
Vérifier la disponibilité :	Si le nom choisi pour votre adresse n'est pas disponible, vous devez en soumettre un nouveau, qui doit être libre.
Mot de passe :	Choisissez un mot de passe en lien avec la **Question** dans la zone **Créez vos options de redéfinition du mot de passe.**
Niveau de sécurité du mot de passe: :	Le laisser tel quel.
Retapez le mot de passe :	Identique au **Mot de passe.**
Question :	Sélectionnez dans le menu déroulant. En lien avec la **Réponse secrète.**

Réponse secrète :	Un mot qui vous aidera à vous souvenir de votre **Mot de passe** si jamais vous l'oubliez.
Adresse de messagerie de secours :	À compléter si vous possédez une 2ᵉ adresse de messagerie.
Prénom :	Inscrire votre prénom, qui apparaîtra lors de l'envoi d'un message.
Nom :	Inscrire votre nom, qui apparaîtra lors de l'envoi d'un message.
Sexe :	Féminin ou Masculin.
Date de naissance: :	Inscrire votre date de naissance au complet (année = 4 chiffres, le mois et le jour selon le menu déroulant).
Province :	Québec.
Code postal :	Votre code postal (XXX XXX).
Fuseau horaire: :	Heure de l'Est, Montréal, Québec – EST
Caractères :	Saisir les mêmes caractères que ceux qui sont affichés dans la case **Image**. Les caractères changent pour chaque nouvelle inscription.

Accéder à la Boîte de réception de Hotmail
Ouvrez votre navigateur Internet.
Entrez l'adresse **www.hotmail.com**.

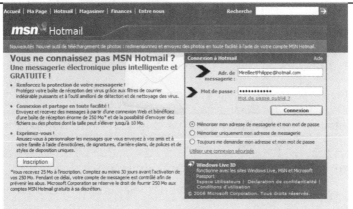

Entrez votre adresse de messagerie (**Adr .de messagerie**) et votre **Mot de passe** :.
Cliquez sur **Connexion**.
Cliquez sur l'onglet **Courier** pour accéder à votre **Boîte de réception**.

NOTE :   Lorsque vous avez terminé, il est **TRÈS IMPORTANT** de vous déconnecter en cliquant sur le bouton

Déconnexion.

Avec l'historique de Internet Explorer, il est possible pour une personne d'entrer dans votre boîte de réception si vous avez seulement fermé la fenêtre sans vous déconnecter.

MSN Messenger

MSN Messenger, aussi appelé **Messagerie instantanée**, est une façon intéressante et agréable de **communiquer** ou «**clavarder**» («**chatter**») sur Internet avec les contacts que vous avez choisis. Ce logiciel de messagerie est offert gratuitement sur Internet. Pour utiliser la messagerie instantanée, vous devez :
* Télécharger et installer MSN Messenger sur votre ordinateur.
* Vous inscrire à un service de courriel (Hotmail ou MSN Messenger).

Certaines conditions s'appliquent lors d'un échange de messagerie instantanée :
* Votre contact doit utiliser le même logiciel de messagerie instantané que le vôtre.
* Votre contact doit avoir ouvert son logiciel de messagerie.

Lorsque vous êtes dans MSN Messenger, vous êtes immédiatement avisé de l'arrivée d'un de vos contacts lorsqu'il active le logiciel de messagerie.

Installer MSN Messenger
Ouvrez votre navigateur Internet (par exemple : Internet Explorer).
Tapez l'adresse **www.sympatico.ca** dans la barre d'adresses.
Cliquez sur l'onglet **Messenger** à droite de la fenêtre.
Cliquez sur **Télécharger maintenant** dans la fenêtre **Windows Live Messenger**.

Cliquez sur **Exécuter** dans la fenêtre **Téléchargement de fichier**. Cette étape peut prendre quelques minutes selon la vitesse de votre connexion Internet.
Lorsque l'étape précédente sera terminée, l'assistant «**Installation de MSN Messenger**» démarrera automatiquement.
Suivez attentivement les instructions de chacune des boîtes et cliquez sur **Suivant** pour afficher la boîte de dialogue suivante.
La boîte de dialogue **Fonctionnalités MSN pour Microsoft Internet Explorer** vous propose de personnaliser votre navigateur Internet Explorer.   Nous vous suggérons de cocher la case **Installation de la Barre d'outils MSN**.   Pour les deux autres cases, c'est selon votre choix.

Ouvrir une session MSN Messenger
Ouvrez votre navigateur Internet.
Cliquez sur l'icône **MSN Messenger** dans la barre de Liens.
Saisissez votre **Adresse de messagerie** et votre **Mot de passe**.

Cliquez sur **Se connecter** *ou* **Connexion,** selon la version que vous utilisez.

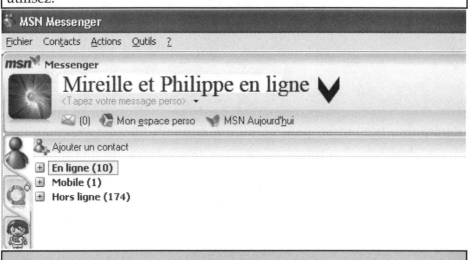

Fermer une session MSN Messenger
1re option
Dans la barre de menus, cliquez sur **Fichier** et sur **Se déconnecter**.
2e option
Cliquez avec le bouton gauche de la souris sur l'icône **MSN Messenger,** dans la zone de notification (située en bas à droite de votre écran, où apparaît l'heure).
Cliquez sur **Se déconnecter**.

Chapitre 10

Les raccourcis

Raccourcis dans la fenêtre du navigateur

Activer ou désactiver le mode Plein écran
F11

Naviguer entre la Barre d'adresses, le bouton Actualiser, l'espace Zone de recherche et d'autres éléments d'une page Web
Le bouton tabulation de votre clavier

Trouver un mot ou une phrase sur une page
Ctrl+F

Ouvrir la page Web actuelle dans une autre fenêtre
Ctrl+N

Imprimer une page
Ctrl+P

Sélectionner tous les éléments de la page
Ctrl+A

Zoom avant
Ctrl et signe +

Zoom arrière
Ctrl et signe -

Zoom à 100 %
Ctrl et chiffre 0

Raccourcis onglets

Ouvrir un lien dans un nouvel onglet en arrière-plan
Bouton central de la souris (roulette) ou Ctrl+bouton gauche de la souris

Ouvrir un lien dans un nouvel onglet au premier plan
Ctrl+Maj+bouton gauche de la souris ou Ctrl+Maj+bouton central de la souris (roulette)

Fermer l'onglet
Bouton central de la souris (roulette) sur l'onglet ou Ctrl+W

Afficher les onglets en mode Aperçu mosaïque
Ctrl+Q

Ouvrir un nouvel onglet
Ctrl+T

Afficher la liste des onglets ouverts
Ctrl+Maj +Q

Passer à l'onglet suivant
Ctrl+ bouton tabulation du clavier

Revenir à l'onglet précédent
Ctrl+Maj + bouton tabulation du clavier

Raccourcis de navigation

Aller à la page d'accueil
Alt+Début

Bouton Page précédente
Alt+flèche de direction gauche

Bouton Page suivante
Alt+flèche de direction droite

Actualiser page
F5

Arrêter le téléchargement de la page
Échap

Raccourcis de la barre de navigation

Sélectionner la barre d'adresses
Alt+D

Générer automatiquement le début d'une adresse « http://www. » et la fin d'une adresse « .com »
Ctrl+Entrée

Ouvrir l'adresse de site Web saisie dans la barre d'adresses dans un nouvel onglet
Alt+Entrée

Afficher la liste des adresses saisies précédemment
F4

Raccourcis du Centre des favoris

Ouvrir temporairement les Favoris
Ctrl-I

Ouvrir les Favoris
Ctrl+Maj+I

Organiser les Favoris
Ctrl+B

Ajouter la page actuelle aux Favoris
Ctrl+D

Ouvrir temporairement les Flux
Ctrl+J

Ouvrir les Flux
Ctrl+Maj+J

Ouvrir temporairement l'historique
Ctrl+H

Ouvrir l'historique de manière permanente
Ctrl+Maj.+H

Raccourcis de l'espace de la Zone de recherche instantanée

Sélectionner la zone de recherche instantanée
Ctrl+E

Afficher la liste de fournisseurs de moteurs de recherche
Ctrl+flèche de direction bas

Ouvrir les résultats de la recherche dans un nouvel onglet plein écran
Alt+Entrée